食堂生まれ、外食育ち

新保信長

KKベストセラーズ

もくじ

第1章
ノスタルジア食堂

たぬきのくせに
きつね
くってらあ
ちゃうわ
これが
たぬきやがな
大阪

あーーーん！

ぐに
ぐに
ふんわ
ふんわ

おほほほほ
さあさあ
おふくろの味を
いしあがれ〜

おっ
逆転
ホームランッ!!
おー

あー
お腹すいたー
よかったら
うぞー

第2章

私が通りすぎた店

聞いてねえよっ
さっきも言ったでしょうが。
バチ
バチ

サラダっぽいもの
サワークリーム
ペリメニ
サワークリーム
ボルシチ
サワークリーム
サワークリーム

わははは
ラムラム
アレッアレッ
わははは

カチャッ
あいてっわっ
秘密のルートあるからさオレなんだかんだ業界長いでしょあんのよそういうの
え〜そうなんですか〜

やめろよハンゾ〜
それちょーだい

少し手伝った方がいいかな
はい、どうぞ——

第3章
外食の流儀

いっぱいつかって
カチャ
カチャ
カチャ

ウォーッ

ゴゴゴゴ
ニャ？
マグマ
ネコ

チー
スイーツ
幸せのデザートバイキング
珍味
漬物

どんぶりが恋しい…
チャポン

もっともっと召し上がって～
ナマにします？焼き？
遠慮しないで～
いや…もうほんとに…

見てなさい本物はよくはねるのよ
コラッ

しょうゆ！
塩こしょう！
絶対ソース！
マヨネーズ！
ドン

フィフィ
ワイワイ

あの人キターッ！

ガヤ
ガヤ
ワイ
11人いる！
入れます？
ザワ
ザワ

カキン

いやいや
ここは
私が！
…
ここは
私が！
ガタッ
ガタッ

知らない
この人
知ってる？
いつもの
ちょーだい

タイミング
Timing
タイミング
Timing

うそだっ
うそだっ
人という字は
二本のお箸が
支え合って
初めて

食
堂
丸万

食堂生まれ、
外食育ち

序「今日のごはん何？」と聞いたことがない

あれは小学校1年生のときだったと思う。社会の教科書に一枚のイラストが載っていた。一戸建ての家を庭側から捉えた構図で、手前で小学生ぐらいの男の子が庭掃除をしている。掃き出し窓の向こうのダイニングキッチンにはエプロン姿のお母さんらしき女性が笑顔でたたずむ。その奥に見える玄関では背広にネクタイ姿でビジネスバッグを持ったお父さんらしき男性が片手を上げている。

さて、これはどういう場面でしょう――というのが問題だ。教科書じゃなくてテストだったかもしれない。いずれにしても、自分にとって見慣れない光景であった。ウチの家には庭なんてないし、ダイニングキッチン的な空間もない。お父さんは普段は背広を着ないしネクタイもしない。しかし、アニメの『サザエさん』などを見ていた私には「普通の家ではお父さんが背広にネクタイを締めて会社に行くものである」という知識はあった。

そこで私は自信満々に「夕方、お父さんが会社から帰ってきたところ」と答えたら、なんとバツだったのである。正解は「朝、お父さんが会社に出かけるところ」だった。

いやいやいや！　朝のバタバタしてる時間に子供が庭掃除とかする？　どんだけいい子やねん！　お父さんもお父さんで、子供の学校よりたぶん遠いであろう会社に行くのに、そんなにのんびりしてて大丈夫なの？　そもそも何を根拠に夕方じゃなくて朝と判断するの？　それが〝普通の家〟の正解なら、やっぱりウチは普通じゃないんだな……と子供心に思ったのをいまだにしつこく覚えている。

ウチの実家は大阪・梅田の食堂だった。住所でいえば「曽根崎新地」。ただし、繁華街として知られるキタ新地とは少し離れていて、「堂島」と言ったほうが大阪の人にはわかりやすいだろう。中学生の頃、夜にゴミ出しに行ったら通りすがりの酔っぱらいに「兄ちゃん、トルコどこや？」と聞かれて「あっちのほうにあると思いますけど」とキタ新地のほうを指さしたのも、今となってはいい思い出だ（トルコ＝今でいうソープランド）。

周辺はオフィス街で民家はほぼない。昼間人口は多くても居住者は少なく、子供の数も少ない。小学校に入学したときの同級生は自分を入れて19人。八百屋の娘、洋品店の娘、モータープール（駐車場）の息子など、自営業の子が多かった。自分だけでなく、同級生の多く（最大でも19人だが）にとって「お父さんが朝、会社に行く」というのはフィクションの世界でしか見たことない場面だったのではないか。

数少ない同級生も、いろんな事情でさらに減って、卒業時には13人になっていた。どこの山奥の分校かって話である。その小学校も、とっくの昔に廃校になってしまった（校歌が作詞：北原白秋、作曲：山田耕筰、卒業生に森繁久彌がいるというのはちょっと自慢）。

そういう場所で、物心ついたときには食堂の息子だったわけである。幼稚園の頃のことはあまり覚えていないが、小学校から高校を卒業して東京の大学に進学するまでは、そこで暮らしていた。1階が店舗で、2階と3階が住居。ただし、2階、3階も純粋に住居スペースではなく、従業員の更衣室があり、米や小麦粉、食器や割り箸などのストックの保管場所としても使われていた。さほど広い店ではなかったが、4人掛けのテーブルを9台詰め込んで、トイレの入り口部分だけは椅子を置かなかったので35席。うどん・そば、丼物やカレーライス、各種定食から寿司まで出す、いわゆる大衆食堂だ。

したがって、お父さんは会社に行かない。普通の家のような玄関もない。出かけるときは奥の階段を下りて靴を履き、店の中を通って客と同じく店の出入り口から出る。店に厨房はあるが住居部分には台所がない。調理は父親と男性従業員が担当し、母親はレジと接客を担当する。ほかにもフロア担当の女性従業員と出前担当の男性従業員が数人いたが、とにかく母親は料理をしないポジションだった。

つまり、文部省（当時）が教科書に載せるような理想の家庭像とは大違いなのである。お父さんが会社に行き、お母さんが家事を受け持つ――令和の今でも根強く生き残っている形態かもしれないが、昭和の我が家はそうではなかった。いや、我が家でも掃除や洗濯などは母親が担当していたが、とにかく料理だけはほとんどしない母だった（平日、学校に行く日の朝ごはんと弁当は作ってくれていたが、それがどんなものであったかはあらためて）。

そしてもうひとつ、普通の家と違ったのが、晩ごはんだ。それこそ『サザエさん』や『ののちゃん』などのアニメやマンガでよくあるのが、「お母さん、今日のごはん何？」というセリフ。この定番フレーズを私は一度も発したことがない。なぜなら、晩ごはんは店のメニューから好きなものを選んで食べるシステムだったから。要は、家のごはん＝店屋物なのだ。家で食べてはいても実質的には外食で育ったようなものである。

今はもう閉店し父も鬼籍に入ったが、参考までに在りし日のメニューを次ページに載せておく。「平成8年」と記載があるから1996年、阪神淡路大震災の翌年だ。きつねう

営業時間　午前10時～夜8時（土曜日　3時閉店）　寿司　そば　料理

丸万献立

曽根崎新地
電話　　　番

定食丼物	うどん・そば	一品料理	寿司
丿	きつねうどん…¥400	赤出し・吸物…¥200	のり巻　1本…¥250
天婦羅定食…¥650	きざみきつね…¥400	奴・湯トーフ…¥400	のり巻　一人前…¥400
焼魚定食…¥650	たぬき…¥400	野菜煮出し…¥450	バッテラ　1本…¥250
カツ定食…¥650	こんぶうどん…¥400	玉子巻焼…¥450	バッテラ　一人前…¥400
野菜煮出し定食…¥650	はいからうどん…¥400	野菜いため…¥450	いなり　小…¥250
天丼…¥600	中華そば…¥450	月見とろろ…¥450	いなり　一人前…¥400
カツ丼…¥600	玉子とじうどん…¥450	焼魚…¥450	にぎり寿司　小…¥600
親子丼…¥550	かやくうどん…¥450	肉いため…¥450	にぎり寿司…¥1,100
他人丼…¥550	かもなんば…¥450	野菜サラダ…¥450	盛合せ…¥1,100
肉丼…¥550	肉うどん…¥450	ハムサラダ…¥500	ちらし寿司…¥1,100
玉子丼…¥550	天婦羅そば…¥450	カツピカタ…¥500	鉄火巻…¥1,300
木ノ葉丼…¥550	おろしそば…¥450	ハムエッグ…¥500	鰻きゅうり巻…¥1,300
カレーライス…¥500	カレーうどん…¥450	三笠オムレツ…¥500	上にぎり…¥1,700
チキンライス…¥450	ざるそば…¥550	トンカツ…¥500	ビール…¥500
ヤキメシ…¥450	カチンうどん…¥600	酢の物…¥500	御酒一級…¥400
ハムライス…¥450	にしんそば…¥600	すき焼鍋…¥550	付出し盛合せ　一人前…¥400
オムライス…¥600	焼きそば…¥600	海老フライ…¥700	
すき焼きうどん…¥700	山かけそば…¥600	海老天婦羅　¥700	● 日曜・祝日は定休日
幕の内…¥1,100	鍋焼うどん…¥700	御造り　¥1,000	● 出前は2個以上にして下さい。
幕の内（特）…¥2,100	天ざるそば…¥700	御飯　¥150	
幕の内（上）…¥1,600		御飯（大）…¥200	

（定価は消費税込です）　　新保食品産業有限会社　平成8・1・5

どんが400円。私の一番古い記憶では180円だったし、値段だけでなく品目も子供の頃とは多少変わっているが、だいたいこのぐらいの選択肢から食べたいものを選ぶのが日常であった。

とはいえ、子供ながらに「あまり高いものを選んではいけない」という遠慮はあった。よく食べていたのはカツ丼などの丼物、カレーライスやオムライス、肉いためやハムエッグ（＋ライス）など。特に禁止されていたわけではないが、寿司や幕の内などの高額メニューはめったに注文しなかった。ちょうど晩ごはんを食べる時間帯に、注文を間違ってダブって作ってしまったときには半強制的にそれを食わされることもあったが、だいたいはそのとき食べたいものを食べていたのである。

それは大人になった今でも変わらない。一人暮らしの頃はもちろん、結婚後も外食率は高かった。母親と違って妻は料理好きだが、外食は外食で楽しめる人なのでありがたい。コロナ禍でいろいろ事情が変わったものの、逆に外食の魅力を再発見したところもある。

というわけで、本書では「食堂生まれ、外食育ち」の筆者が、外食にまつわるアレコレを綴っていく。といっても、いわゆるグルメエッセイとは違う。味には基本的に言及しない。お店の雰囲気や接客、店主のキャラクター、客の会話や振る舞い、ちょっとした事件など、外食ならではの出来事や人間模様について、実家の食堂の思い出も含めて書いていくつもりである。よろしくお付き合いのほど、お願いいたします。

第1章

ノスタルジア食堂

1品目　外国人と鴨南蛮と中華そば

令和の今、街で外国人を見かけることは珍しくない。東京ではコンビニのレジからしてほとんど外国人だし、飲食店でも外国人の店員は多い。アジア系だけでなく、白人も黒人も普通にそのへんを歩いている。地方都市でもそれは変わりないどころか、地域によっては東京より外国人比率の高い街もあると聞く。

とはいえ、私が子供の頃はまだ、大阪の中心部でも外国人はそれほど身近な存在ではなかった。焼き肉の聖地として知られる鶴橋とかに行けば韓国系の人は大勢いたのだろうが、少なくとも当時の自分にとっては未知の領域であった。

そんなある日、ウチの食堂に白人の客が来たのである。子供の目にはおっさんに見えたが、20代かせいぜい30過ぎぐらいだったかもしれない。近所に英会話学校やデザイン専門学校があったので、そこの講師か、あるいは単にどこかの会社で働いている人か。たまたま客の少ない時間帯で店をうろついていた私は、物珍しさもあって、ちらちらと様子をうかがっていた。

その白人の兄ちゃん（おっさんではなかった気がしてきた）が注文したのは、鴨南蛮。ウチのメニューでは「かもなんば」という表記になっている。関西では「南蛮」ではなく「なんば」と呼ぶのが一般的らしいが、そもそもなぜあの料理を「鴨南蛮」と呼ぶのか？と思って調べてみたら、江戸時代に南蛮渡来の唐辛子や南蛮人が好むネギが入った料理を「南蛮」と呼ぶようになったらしい。今となってはポリコレ的に微妙なネーミングではあるが、白人の兄ちゃんが注文するにはピッタリとも言える。

しかし、その兄ちゃんの食べ方が普通じゃなかった。まず、れんげでおつゆを全部飲む。次に、汁気がなくなったそばの上に取り残された肉とネギを食べる。そして、おもむろにテーブルに置いてあるウスターソースを手に取ったかと思うと、ツツーッとそばにかけ始めたのだ。

私がキムタクなら「ちょ待てよ！」と言う場面である。いや、その頃キムタクは生まれてるかどうかぐらいだが、そばにソースってアンタ……。つーか、なんでおつゆを先に全部飲んじゃった？　肉、ネギ、そば、つゆの芳醇なマリアージュを味わってこその鴨南蛮でしょう。外国人はそばをすするのが苦手らしいけど、だからってその食べ方はないだろう……なんて、子供の頃の自分がそこまで考えたわけではないが、「え、何やってんの？」と目を疑ったのは事実である。が、当の兄ちゃんは、日本人の子供の視線など気にもせず、ソースをかけたそばを割り箸で器用に食べて帰っていった。

あれはいったい何だったのか。そう思っていたところに、親の本棚で見つけたのがテーブルマナーの本である。ウチは文学全集とかが並んでるような家ではなく、本棚にあったのは主に実用書で、その中に西洋料理（フレンチ）のテーブルマナーの解説本があった。当時の私はお小遣いのすべてを本（主にマンガ）に注ぎ込み、それでも飽き足らず店に置いてある週刊誌やスポーツ新聞まで活字が印刷されていれば何でも読む状態だったので、そのテーブルマナー本も当然読んだ。そこには、西洋料理のコースでは前菜、スープ、メインディッシュといった順番で料理が出てくると書いてあるではないか。なるほどあの白人の兄ちゃんはその感覚で鴨南蛮を食べたのかと、ひざを連打したのであった。

そばをパスタの仲間と考えればフレンチではなくイタリアンかな、本来ならパスタのあとにメインディッシュが来るはずとか、今ならいろいろ思うけれど、あのときの「ユリイカ！」的な感覚は忘れられない。それが私が初めて異文化を実感した瞬間だった。ついでに言うと、そのテーブルマナーの本で丸ごと一個の皮つきリンゴをナイフとフォークで食べる術が解説されていて、「そんなん無理！」と思ったのも覚えている。

その後、大人になっていろいろあってフリー編集&ライターになった最初の頃の仕事で、初めて海外取材に行った。１９９2年、和食が海外にも広がり始めていた頃だろうか。そのときロサンゼルスの和食レストランで食べた寿司も忘れられない。

まず最初に味噌汁が出てきたのだ。「えっ？」と思ったが、スープが先に出てくる西洋料理のフォーマットとしては、それが当たり前なのだろう。そこで食べた寿司は、いろいろ微妙なところはあったものの、取材先の某アウトドア用品会社の社員食堂の意識高い（オーガニックでヘルシーな）料理よりはうまかった。カリフォルニアロール的なものについては、つい「こんなものは寿司じゃない！」と自分の中の海原雄山を召喚しそうになったが、近年の回転寿司の何でもアリっぷりに比べれば、むしろ真っ当かもしれない。

というか、カリフォルニアロールうんぬん以前に、ウチの店もちょっとどうかというところは多々あった。たとえば前述の鴨南蛮は、実は鴨肉ではなくかしわ（鶏）だった。「羊頭狗肉」ならぬ「鴨頭鶏肉」。本来なら「かしわ南蛮」「鶏南蛮」と表示すべきところを「かもなんば」で通していた。特にクレームが来たという話は聞かないので、当時の大阪では鴨も鶏も同じ鳥類ということでＯＫだったのか。大学進学で東京に来て、初めて本物の鴨南蛮を食べて「何コレうまい！」と思ったのを覚えている。

もうひとつ、ウチの謎メニューに「中華そば」というのがあった。名称自体は東京でもたまに見かけるし、別に普通の昔懐かしい醤油ラーメンじゃないの？　と思うかもしれない。が、そういうのとは違うのだ。アレはラーメンではなかった。麺は中華麺だが、スープのベースは（たぶん）うどんやそばと同じカツオと昆布のダシである。そこに何かの油とコショウを入れたような独特のテイスト。長年の外食経験でもヨソで食べたことのない味で、特においしいとは思わないが一部にファンはいた。強いて言えば、『孤独のグルメ』にも出てきた鳥取市役所のスラーメンに近い感じ。２０１９年の市役所移転に伴い、スラーメンはメニューから消えたらしい。今はもう食べられないという点でも似ていると言えば似ている。

本物じゃなくても別にいいのだ。日本のラーメンやカレーは、本場である中国やインドのそれとは別物の料理として発展し、親しまれてきた。逆に日本の料理が海外で独自の進化を遂げている例もある。オーセンティックな店にはそれなりのこだわりを持っていてほしいが、街の大衆食堂は適当でいい。食べ方だって個人の自由だ。鴨南蛮をコース料理のように食べたっていいのである。にしても、そばにソースはどうかと思うけど。

2 品目 ランチタイム地獄変

フリーランスの仕事でよかったなと思うことのひとつは、満員電車に乗らなくていいことと、決められた時間に昼メシを食わなくてもいいことだ。「ひとつ」と言いつつ2つになったが、どっちも自分にとってはとても重要である。なんでわざわざ同じ時間に会社に行って、同じ時間に昼メシを食わなきゃいけないのか。しかも、ただでさえ混んでるランチタイムに何人もで連れ立って行くのは正直、理解に苦しむ。もっとも、自分の場合は都合3社、計約5年の会社員時代も出社時間や昼休みなどは比較的自由だったので、その手の混雑はあまり経験せずに済

んでいる。

とはいえ、新卒で入った教育系出版社では、何しろ新入社員なので裁量権がなく、最初のうちは規定の昼休み――つまり12時から1時の間に昼メシを食うしかない立場であった。会社は飯田橋駅東口の五差路からほど近い場所にあり、神楽坂もすぐそこ。定食屋や中華屋はもちろん、喫茶店のランチもあれば本格イタリアンや小料理屋のランチ営業もあって、お店には恵まれていた。選択肢が多い分、混雑が集中することもなく、一部の人気店を除けば行列することもない。しかしながら、当方の財布の中身はお世辞にも恵まれているとはいえず、のり弁、牛丼、カレーがローテーションの3本柱であった。

その会社を10カ月でとっとと辞めて、中途採用で入った編プロに約1年、その親会社的な出版社に移籍して約3年。今考えれば完全にブラックな労働環境ながら、昼頃に出社して深夜、あるいは翌朝まで働く感じだったので、12時から1時の時間帯に食事をすることはほとんどなかった。食べるとしてもランチ営業が終わるギリギリか、通し営業の店で遅い昼食を取るパターンで、混雑とは無縁。主にバイク通勤だったので、電車の混雑とも無縁だった。

その後、フリーになって30年ほどが経つ。特定の編集部に通うこともなくなった今、昼メシはコンビニで買ってきたものを仕事場で食べることが多い。しかし、取材や打ち合わせなどで出かけた際に、食事のタイミングが昼休みに重なることもある。オフィス街だと、どの店もサラリーマンやOLで混んでいて、アウェイ感満点。そういう場合は何とかして空いてる店を探すか、空腹を我慢してでも時間をずらすようにしている。コロナ禍以降、密な空間には入りたくないというのもあるが、とにかく混雑した店が苦手なのだ。

つーか、混雑した店が好きという人もあまりいないだろう——と思ったが、行列ができる店に並ぶ人はもしかして混雑好きなのか？　満席だから行列ができているわけで、自分の番が来て席に座ったらそれでまた満席。そして自分が食べ終わるのを何人もの人が待っている。いくら人気店の人気メニューでも、そんな状況で食べたらおいしいものもおいしくなくなるんじゃない？　と、よけいな心配をしてしまう。

しかし、好むと好まざるとにかかわらず、行列せざるを得ない場合もある。ウチの実家の食堂のランチタイムがそうだった。別に自慢でも何でもなく、12時から1時の間に行列ができることは珍しくなかった。それは特別おいしいからでも話題の店だからでもなく、周辺の会社で働く人の数に対して飲食店が足りてなかったから。当時はコンビニもなかったし、「うまい、やすい、はやい」の3拍子のうち、少なくとも「やすい」と「はやい」を満たしていたウチの店は、昭和の会社員の昼休み需要にマッチしていたのだ。

そういう意味では人気店だったが、その店の子供（＝私）にとって、その昼休みの1時間は恐怖タイムでもあった。とにかく店の立て込み具合がハンパない。「いらっしゃいませー！」「何名様ー？」「こちらどうぞー」といった接客や「親子（丼）ふた丁ー！（2つの意）」などと注文を通す声、椅子を引く音や食器がぶつかる音、出前の行き先の指示、「ごっそうさーん」とかいう客の声にガチャガチャチーンという（ボタンとレバーで操作する）レジの音などが響き渡り、店員と客がテーブルの間を入り乱れて動き回っている。この国際情勢下、こういう比喩は少々ためらわれるが、まさに戦場のようだった。

だからといって「恐怖タイム」は大げさじゃないか、と思われるかもしれない。が、子供の目には活気があるというより殺気立って見えたし、そんなところにのこのこ出ていったらどやされること必定。普段は学校に行ってる時間帯だからあまり関係ないが、夏休みなどは家（2階の住居部分）にいるわけで、その時間は決して店に下りてきてはならぬ——というのが暗黙のルールとなっていた。なので、出かけるなら12時より前か1時をしばらく過ぎてからしか許されない。というか、あの状況の店内を通り抜けて出かけようという気にもなれなかった。

それだけならばまだいいが、問題はトイレである。当時のウチのトイレは、店にあるひとつだけで、住居部分にはなかったのだ。したがって、12時から1時過ぎの間はトイレにも行けない。これはなかなかつらいものがある。お食事中の方はここで一旦ページをめくる手を止めていただきたいが、私は幼い頃から現在に至るまで便通がすこぶるよく、一日に最低3回はそれなりのものを放出する。そのうえ、わりと急に便意を催すタイプなので、

〝トイレに行けない状況〟というのは恐怖なのだ。

もちろん、本当に漏れそうなら店のトイレに行くしかない。部屋で漏らすより暗黙のルールを破るほうが罪は軽いだろう。実際、小学校1～2年生の頃に一回だけ、我慢できずに立て込みの最中に店に下りていったことがある。幸い、階段からトイレまでの距離は短く、ごった返す店内を通り抜けなくても到達できる動線になっていた。が、トイレのすぐ横のテーブルにもお客さんが座ってメシ食ってるわけで、そこを「すいませーん」とトイレに入るのは子供心にも申し訳なさがあった。しかも、そのトイレが使用中だったときの絶望感たるや……！

そう、店のトイレは当然、客も使うのであった。混雑していれば使用率も上がる。私が混雑した店を苦手とするのは、幼少時のそんな体験が根っこにあるのかもしれない。

その後、我が家はリフォームして、2階の住居部分にもトイレが設置された。

3品目「天丼」と「うどん天」と「シマ」

　どの業界にも業界用語というものがある。ネット情報なので真偽のほどは定かでないが、タクシー業界で「赤恥」といえば「緊急時でもないのに防犯灯が作動している状態」を指すらしい。それは確かに恥ずかしいし、うまいこと言うものだ。

　私が馴染みのある出版業界でも「ゲラ」とか「ペラ」とか「オモテケイ／ウラケイ」とか「キンアカ」とか「レスポンス」とか「ストリップ修正」とか「コンセ」とか、いろいろある。ＤＴＰ（パソコンやデザインソフトの普及で一般化してきたが、もともとは業界用語で編集・印刷工程のデジタル化の意）の時代になって、もはや使われなくなった言葉もあれば、従来の意味から変わってきた言葉、新しく出てきた言葉もある。

私自身がアナログ時代の人間なので例に挙げた言葉も古いものが多く、出版業界でも若い人は知らないものもあると思う。「写植」も今の若い編集者は言葉として知ってるかもしれないが、現物は見たことも触ったこともないだろう。が、いずれにせよそういう言葉はあくまでも内輪の符丁であって、外部の人に対して使うべきではない。

また、業界よりも狭い範囲で使われる社内用語というのもある。かの老舗出版社・文藝春秋では、月刊誌の「文藝春秋」を「本誌」、週刊誌の「週刊文春」を「週刊」（イントネーションは「しゅう⤴かん⤵」）と呼んでいて、それ自体は別にいいのだが、その呼称を社外の人に対しても平気で使うのはどうかと思う（私が知ってるのは何年も前の話なので、今は改善されているならごめんなさい）。

飲食業界にも、その手の符丁はたくさんある。「○○ヤマでーす」といえば、○○が品切れという意味だし、「××セキマエで！」は「（オーダー入ってるはずの）××急いで作って！」という意味だ。そういうのは外食経験を重ねていけば何となくわかってくる。餃子の王将なら、餃子一丁は「コーテルイーガー」、2つだと「リャンガーコーテル」、鶏の唐揚げは「エンザーキー」だ。最近はご無沙汰だが、学生時代にしょっちゅう通っていたので、自分の注文を通す声を聞いているうちに自然と覚えた。

しかし、それらはあくまでも店側の符丁であって、客側が使うべき言葉ではない。イタリアンの店とかだと何だかわからないイタリア語で注文を通していることがよくある。何だかわからないので真似のしようもないが、寿司屋で「アガリください」とか言ってる客を見ると、個人的には「あちゃー」と思う。そこは普通に「お茶ください」でいいんじゃないの？

そば屋で「台抜き」とか言っちゃう人も（それがメニューに載ってる店ならともかく）ちょっと恥ずかしい。餃子の王将で「コーテルイーガーください」と注文する人は、たぶんいないだろう。寿司とかそばとか「通」が存在するところに「符丁を使う客」が発生するのだ。内輪の言葉を外の人に対して使うのと同じくらい、客の側が通ぶって符丁を使うのは、文字どおり「半可通」ってやつで、非常にカッコ悪いと私は思う。

今はなきウチの実家の食堂にも符丁はあった。「ヤマ」とか「セキマエ」のような飲食業界共通の符丁とは別に、ローカルルール的な符丁もある。私が子供ながらに聞いて覚えているのは、やはり注文を調理場に通す際のものだ。基本は略称で、たとえば魚天ぷら定食なら「ぎょーてんてい」、野菜天ぷら定食は「やーてんてい」、肉いためなら「にくいた」、野菜いためなら「やいた」といった具合である。ウチは（インチキながら）寿司もやっていたので、のり巻き一本なら「まきぽん」、バッテラ一本なら「てらぽん」と言っていて、今ならアイドルの呼称のような、ちょっとかわいい響きである。

しかし、同じ略称でも、天ぷらうどんは「天うどん」ではなく「うどん天」、肉うどんは「うどん肉」と言っていた。なぜかといえば、「天丼」「肉丼」との混同を避けるためである。天ぷらそばなら「そば天」だ。基本的に丼物優位の呼称だが、麺類だとうどんとそばの区別があるので、それを明確にするためにも「うどん天」「そば天」といった逆順の呼び方のほうが間違いが少ない。鍋焼きうどんのように、ほかに混同するアイテムがない場合はそのまま略して「鍋焼き」だし、うどんとそばの区別があっても丼物とかぶらなければ「こぶうどん」「こぶそば」のように正順だった（「こぶうどん」は「こんぶうどん」の略）。

そんななか謎だったのが、ごはん（ライス）のことを「シマ」と呼んでいたことだ。大盛りなら「大（だい）シマ」、小盛りなら「小（しょう）シマ」。幼い頃の夏休みとかの朝ごはんには、よく玉赤（ぎょくあか：赤だしの味噌汁に玉子を落としてポーチドエッグ風にした裏メニュー）と小シマを食べていた。「序」で書いたとおり、ウチのごはんは店のメニューから注文するシステムだったので、中学高校時代も「肉いためとシマ」「焼き魚とシマ」など、何の疑問もなく注文していたが、今にして思えば「シマって何なの？」って話である。

大阪で外食していたときも、よその店で「シマ」とは聞いたことがなく、ネットで検索してもよくわからない。父親が存命のうちに聞いておけばよかったのだが、その機会がないまま父は他界。ある年の正月に今さらながら母に聞いてみたら「堂島のシマや」と言うのだが、いやいやいやいや！　確かにウチの店があった大阪の堂島地区は江戸から明治時代にかけて米取引所として栄えた土地であり、我が母校の堂島小学校（今はもうない）の校章は稲穂だし、北原白秋作詞の校歌にも「名に負う米市」「徽章は垂り穂よ」というフレーズがある。が、発音としては「どうしま」ではなく「どうじま」だ。それがなんで「シマ」になるのか。

まあ、だいたい親の言うことは適当だし、ウチの母もだいぶ認知が怪しくなっているので、本当のところはわからない。自分の推測としては「白米＝白まんま」の略で「シマ」かと思っていたのだが、真相はいかに？　「ウチでもシマと言っていた」「由来を知っている」という飲食業界の方がいれば、ぜひお知らせいただきたい。

4品目 出前とデリバリー今昔物語

食べ物を媒介に男女や家族の機微を描いたオムニバスショート形式のマンガ『おいピータン!!』(作:伊藤理佐)に「出前」と題されたエピソードがある。自分の家では出前を取ったことがないという女性が、よその家の玄関先に置かれた出前の器を見て、ふと思う。「ああいう出前ってどういう時にとるの?」「お母さんが急病?」「一人暮らしのおじいさん?」「お客サマ?　お客サマには手料理じゃないとさびしくない?」。アレコレ想像するが答えは出ない。「出前ってどういう時にとるの?」と彼氏に聞いても、「うちも田舎だったから出前じたいがなかった

なー」という。

そんな彼女が、とある事情で初めての出前を経験することになり、「…ああ　そうか　こういう時に出前をとるのか」と納得する。その顚末は各自ご確認いただくとして（単行本16巻に収録されています）、私が思ったのは「そうか、出前を取ったことがない人って結構いるのかも？」ということだった。

そこで、試しにツイッター（改名したという噂も聞くがよく知らない）でアンケートを取ってみた。たまたま質問ツイートを見て答えた人だけの数字なので統計的には無意味だが、大まかな傾向を反映してはいると思う（回答者数４１６人）。「（宅配ピザとかウーバーイーツとかではなく昔ながらの）出前って取ったことありますか？」という設問で、選択肢と結果は次のとおり。

①実家で取ったことあるが、自分では取ったことない。……46・６％
②実家では取ったことないが、自分ではある。……7・２％
③実家でも自分でも、取ったことある。……34・４％
④実家でも自分でも、取ったことない。……11・８％

つまり、④の11・８％の人はまったくの出前未体験で、①と合わせた6割弱の人が自分では取ったことがないのである。予想以上に多いと感じたが、皆さんはどうでしょう？

かく言う私も、実家では出前を取ったことがない。そりゃまあ、出前を持っていく側だったんだから当然と言えば当然だが、東京に来て一人暮らしを始めてからも長らく機会がなかった。ウチの食堂もそうだったけど、出前は2品以上からというのが一般的だ。基本的に少食なので、一人で2品は食べられない。学生時代はお金もなかったし、会社員時代は出前をやってるような店が開いてる時間に帰れることがまずなかった。

そんなわけで、初めて出前を取ったのはフリーになって何年かして、お金と時間に多少余裕ができた頃である。家で仕事をすることも多く、食事のために着替えて外出するのが面倒くさくて、近所の寿司屋から出前を取った。その店は2品からではなく「〇〇円以上」と金額で区切っていたので、ちょっとお高めのやつを頼めば1品でも持ってきてくれたのだ。量的に1・5人前ぐらいあった気がするが、寿司なら食べられる。

注文の電話（まだインターネットはない）から30分ほどして寿司は届いた。缶ビールを開けて、さあ食べよう――と思ったところで「ん？」となる。おいおい、勘弁してくださいよ。しょうゆが付いてないじゃないですか……。

普通の家ならしょうゆぐらいあるだろう。が、当時の私は一切料理をしなかったので、家には調味料の類が何ひとつなかった。せめて塩でもあれば、むしろオシャレな食べ方になるかもだが、それもない。かといって、店に電話してしょうゆだけ持ってきてくれというのもさすがに気が引ける。やむなく何もつけずに食べたのだが、意外や意外。そこそこちゃんとした寿司屋でネタも新鮮だったせいか、わりと普通に食べられて、事なきを得た(その後は注文時に「しょうゆ付けてください」と言うようになったけど)。

ちなみに、ウチの妻(長崎出身)にも出前体験を聞いてみたら、なんと小学5～6年生の頃に寿司を取ったことがあるという。「お寿司食べたかー(食べたい)」と母親に直訴したら、「そがん食べたかったら自分で取らんね!(そんなに食べたければ自分で取りなさい)」と言われ、自分のお小遣いで近所の寿司屋から出前を取り、「さび抜きで!」と注文した寿司を一人で食べたというから剛の者だ。子供の電話注文にきちんと対応したお店もすごいし、「ホントに取ったとね!」と呆れつつも叱らなかったお母さんもすごい。

しかしながら、近年は出前よりもデリバリーが主流である。かつてはピザぐらいしかなかったが、今や世界中の料理を選び放題。特にコロナ禍以降、ウーバーイーツの普及も相まって、それまでデリバリーをやっていなかった個人店も対応するようになり、ますますバリエーション豊かになった。ウーバーイーツの注文に追われて店内の客の注文が後回しになったりするのは困りものだが、このご時世では目くじらも立てられない。私自身は利用したことはないが、近所のオシャレなデカい家にウーバーイーツの配達が来てるのをちょいちょい見かける。トラブルがないわけではなかろうし、配達員の労働問題も取り沙汰されているけれど、ここまで広がっているということは、それなりにうまく回っているのだろう。

出前とデリバリーの違いは何か。ざっと調べたところ明確な定義はなさそうだが、個人的には「容器を返却するのが出前、使い捨てなのがデリバリー」というイメージだ。ウーバーイーツが普及する前は「デリバリーはチェーン店、出前は個人店」という感じもあった。いずれにしても、ウチの実家の場合は完全に出前である。店はオフィス街の真ん中だったので、出前先もほとんどが会社。昼メシ分の容器を夕方（あるいは残業メシの出前時）に回収し、残業メシ分を翌朝回収する。出前専門の従業員が常時2〜3人いた。周辺道路に一方通行が多かったこともあり、バイクではなく自転車を使用。料理を載せたお盆を（時には2段重ねにして）肩に載せ、自転車を走らせる。あれはなかなか熟練を要する仕事だと思うし、その姿は子供心にカッコよく見えた。

中高生の頃には、小遣い稼ぎで出前を（少しだけ）手伝ったこともある。自転車ではなく徒歩で行ける範囲で、あまり数の多くない注文分だけだったが、それでも結構大変だ。ラップしてあるとはいえ、うどんやそばを汁をこぼさぬように運ぶのは気を遣うし、店の白衣を着ていても中高生の分際で見知らぬ会社に入っていくのは勇気がいる。伝票にサインをもらうだけの掛け売りならいいが、現金のやり取りはやはり緊張する。今思えば、多少もたもたしても、子供ということで大目に見てくれていたのだろう。

配達よりも気楽なのは、容器回収のほうである。給湯室などに置いてあるのを持って帰ればいいだけの簡単なお仕事。が、そこにも問題はある。たまに残飯や残り汁を捨てずに放置してある事案が発生するのだ。店側としては勝手に客先の流し台やゴミ箱に捨てるわけにいかず、そのまま持って帰ることになる。回収時にはラップもないので汁物は特に厄介。ひとつの器に残飯や残り汁をまとめて入れて、それを一番上にした状態で重ねて持って帰る。あれは気分的にも作業的にも嫌なものだ。

ネット上には「出前の食器は洗って返すのがマナー」「いや、洗うのは店への嫌みになって逆に失礼」みたいな議論があるが、どうせ店に持ち帰ったら洗うし、普通の店ならいちいち嫌みだとか思わないので、そこはどっちでもいい。現実的には水で軽く流すぐらいがベストだと思うけど、とりあえず残飯や残り汁は捨てておいて！　ということだけは、食堂の息子として強く主張しておきたい。

5 品目 おでん定食というギャンブル

初めて一人で外食したのはいつ、どんな店だったか、皆さんご記憶ありますか?

……と書き出すからには、当然おまえは覚えているのだろうなと思われるかもしれないが、実は全然覚えてないのであった。何しろ中学生のときには普通にソロ外食していたし、どうかすると小学5～6年生で初体験を済ませていた可能性もある。

ウチの実家の食堂は日曜・祝日が定休日だった。学校も休みだから、たいてい9時とか10時ぐらいまで寝ている。起きると、すでに両親の姿はない。休みの日には高確率で趣味のゴルフに出かけていた。せっかくの休みに朝早くからご苦労なことである。

しかし、私にとってはラッキーデーだ。なぜなら、食事代として千円札が１枚、居間のテーブルに置いてあるから。昭和のあの頃、千円あれば朝昼兼用のごはんを食べて、おやつを買ってもまだ残った。残った分は小遣いとしてそのままもらえるという夢のシステムで、子供にとってこんなにうれしいことはない。

そこで、一人で外食することになるわけだ。普段食べているウチの店の料理も外食といえば外食だが、やはりヨソの店で食べる〝本当の外食〟は格別の楽しみがある。幼い頃から親に連れられてデパートの大食堂や近場のレストランなどに入った経験は何度もあるので、外食自体には慣れていたし、客としての作法も何となくわかっていた。中学生（もしかしたら小学生）が一人で入っても店の人が特に気にしない感じだったのは土地柄か。

当時はまだファミレスやファストフードのチェーン店もあまりなくて、インディーズ系の店がほとんどだった。よく行っていたのはドージマ地下センター（通称ドーチカ）という地下商店街のラーメン屋。店名は忘れたが、ラーメンよりも焼きそば定食がマイ・フェイバリットだった。「焼きそば定食て！」というツッコミが聞こえてきそうだが、大阪では麺類にごはんの組み合わせは定番である。その店の焼きそば定食は、ソース焼きそばにごはんと味噌汁とお新香のセットだった。味噌汁は赤だしだった気がする。ウチの店の焼きそばはソース焼きそばではなく、上海焼きそばに近い（が、そのものではない謎の味わいの）ものだったので、ソース焼きそばは新鮮だった。

同じ店で、ある日、焼きそば定食ではなくラーメンを頼んだことがある。今も昔も塩ラーメンが好きなので、塩を頼んだのだと思う。が、出てきたラーメンは味がなかった。今なら新型コロナ感染を疑うところだが、そうではない。限りなく透明に近いゴールドの澄んだスープは、何度味わってもただのお湯としか思えないシロモノだった。

おそらくタレを入れ忘れたのだろう。が、当時の私にはわかるはずもない。中学生（もしくは小学生）の身では「これ、味しないんですけど」と店の人に言うのも気が引けて、釈然としないながらも無理やり完食したのであった。

ドーチカでは「インデアンカレー」も行きつけの店のひとつだった。「インディアン」ではなく「インデアン」。関西では有名店で２００５年には東京にも出店している。初めて入ったのは小学3〜4年生ぐらいだったか。4歳上の姉に連れていかれた。そのときは「こんな辛いもん食えるか！」と思ったが、中学生ぐらいになると最初ほんのり甘くてあとからジワッとくる辛さが病みつきになる。ドーチカの店は今も健在だ。

ドーチカ以外でちょいちょい行ったのが、阪神百貨店の地下である。地下ばっかりで恐縮だが、大阪・梅田は地下街が異常に発達しているのでしょうがない。複雑怪奇な構造は「梅田地下ダンジョン」とも呼ばれるほど。ドーチカはそのタコ足のように広がったダンジョンの南端に当たる。

ドーチカから阪神百貨店まではもちろん地下だけを通って行ける。当時の阪神百貨店は地下にフードコート的な飲食店街「スナックパーク」があり（今も店は入れ替わり規模も縮小されているがあることはある）、そこのおでん屋でおでん定食をよく食べた。おでん3品にごはんと味噌汁、たくわん。正確な値段は忘れたが、確か４００円とか４５０円とかそのぐらいの良心価格だった。千円札で５００円以上おつりがくる。

ただ、ここで問題なのは、おでん3品は基本お任せで自分では選べないという点だ。人それぞれ、自分の中に「好きなおでんの具ランキング」があるだろう。ネットで検索してみると、いくつものランキングが出てくる。３位以下はバラけるが、どのランキングを見てもだいたい大根と玉子がツートップだ。私もご多分に漏れず、大根と玉子は大好き。ジャガイモやコンニャクもいい。嫌いなわけではないが、積極的に食べたいと思わないのがチクワやゴボ天などの練り物系。今は好きだが子供の頃は豆腐も興味がなかった。

しかし、どの3品が出てくるかは運任せ。店側もある程度バランスを考えるから、練り物ばっかりということはないが、大根、玉子、ジャガイモなんていう大当たりはまず出ない。その3品のうちのひとつでも入っていればまだいいとして、チクワ、厚揚げ、昆布巻きとかだとガッカリする。せめて昆布巻きをコンニャクに交換してくれないか……。

今にして思えば、注文時に「大根入れて」と1品指定ぐらいはできたのかもしれないが、子供にその発想はなかった。なので、毎回「何が出るかな、何が出るかな」とドキドキだったけれど、それはそれで駄菓子屋のくじにも似たちょっとしたギャンブル気分を楽しめたのだ。


酒飲みの大人となってしまった今では、おでんはおかずというよりつまみである。それでも好きな具はあまり変わらない。逆に、子供の頃は嫌いというか食べられなかったのに、大人になって好きになったのがコロ（クジラの皮）である。東京ではあまり見かけないが、大阪ではそこそこポピュラーな具材だった。初めて食べたときの感想は「ゴムタイヤか！」。いや、ゴムタイヤを食べたことはないけれど、あの独特の食感と臭みは大人でも好き嫌いが分かれそうだ。昨今は高級食材の部類かもしれないが、機会があればぜひ一度お試しあれ。

当たりかハズレかは、あなた次第。

6品目 ハンバーグ記念日

子供が好きな料理といえば、ハンバーグ、カレーライス、オムライスあたりがトップ3だろう。逆に、いい年こいて「ハンバーグとカレーが好き」とか言うと〝子供舌〟としてバカにされたりもする。小学校1〜2年頃の授業参観で「好きな食べ物は？」という問いに「アジ」と答えた友達のお母さんが「あの子はもう！　もっと高いものを言えばいいのに……」と嘆いていたという話を母親から聞いたことがあるが、小学生でアジが好きというのはむしろシブくてカッコいい。

　そのとき私は「メロン」と答えた記憶があるけれど、今ならメロンより断然アジだ。そもそもメロンなんてそんなに食べたこともないはずなのに、なぜそう答えたのか。めったに食べられないからこそ、あこがれの食べ物だったか。親から「メロンは高級品」と刷り込まれて、子供心に見栄を張った可能性もある。今も知人の出産祝いなどに桐箱に入ったメロンを贈ってしまう。「三つ子の魂百まで」とは、このことか。

それはさておき、今回はハンバーグの話をしたい。みんな大好きハンバーグ。が、私が初めてハンバーグを食べたのは、わりと遅い。なぜなら、カレーライスやオムライスはウチの店のメニューにあったけど、ハンバーグはなかったから。アニメ『ハクション大魔王』の主人公の好物がハンバーグだったので、存在としては知っていた。しかし、なかなか食べる機会のないまま成長し、迎えた小学4年生頃のある日のこと……。

ウチの両親は前項で書いたとおり、休みの日にはゴルフに行くのが通例だったが、コースではなく近場の練習場、いわゆる「打ちっぱなし」に行くこともあった。その日は、どういう理由だったかは忘れたが、一緒に練習場に連れていかれることになった。とはいえ、こっちはゴルフに興味はないので練習場周辺の河川敷で勝手に遊んでいたら、同じ境遇なのか近所の子なのか、同い年ぐらいの男の子が現れて一緒に遊んだ。そんなに社交的な性格でもないのに、よく初対面の子と遊んだなと思う。

その男の子とはそれっきり会うこともなく、ドラマチックな展開もない。にもかかわらず、その日のことを覚えているのは、それが初めてハンバーグを食べた日だからだ。打ちっぱなしを終えた両親と、遅めの昼ごはん（あるいは早めの夕食）を併設のレストランで食べた。そのとき選んだメニューがハンバーグだったのだ。もしかしたらその男の子も一緒にいたかもしれないが、ハンバーグのことは覚えているのに、その子のことは覚えてなくて申し訳ない。

銀のプレートに、目玉焼きがのったハンバーグ、マッシュポテトにミックスベジダブル、ケチャップ味のスパゲティが添えられた、まさに昭和の洋食である。ハンバーグにはデミグラスソース的なものがかかっていた。私にとっては、まずそのソースが初体験。つまり、ウチの店にはない味だった。今の感覚からすればチープなハンバーグだったはずだが、小4男子の味覚にはむしろストライクで、「世の中にこんなうまいものがあるのか！」と衝撃を受けたものである。

しかし、その後もハンバーグを食べる機会はあまりなかった。比較的身近になったのは、大学進学で東京に来てからだ。喫茶店や定食屋などで食べることもできたし、節約のため自炊（というにはお粗末ながら）もやるようになり、マルシンハンバーグとかをフライパンで焼いて食べたりもしていた（電子レンジはまだ持っていなかった）。

そんななか、あのゴルフ練習所で初めて食べて以来の衝撃を受けたのが、当時住んでいた小田急線・経堂駅近くにあったシブい喫茶店のハンバーグだ。フランスの小説家の名前を冠したその店のハンバーグは、それまで食べたことのあるハンバーグとは別物だった。おそらく、つなぎ的なものを使っていない肉々しい歯応え。焼き具合も絶妙に香ばしくジューシーで、デミグラスソースも別物だった。目玉焼きはのってなかったが、付け合わせにクレソンがあり、それも初めて食べる味だった。

今食べたら普通の味なのかもしれない。が、当時としては最先端だったように思う。パスタがスパゲティと呼ばれ、種類もミートソースかナポリタン、和風たらこぐらいしかなく、かろうじてカルボナーラが出てきたかどうかという時代。ファミレスも増えてきてはいたが、それなりの味でしかなかった。そのなかにあって、あの経堂の喫茶店のハンバーグは、私の中では別格の味だった。誰の心の中にも、そんな〝マイベスト・ハンバーグ〟があるのではないか。

それから40年近くの月日が流れ、経堂の喫茶店もとっくにない。経堂のあと二十歳《はたち》からずっと住んでいる下北沢界隈でも、老舗の定食屋や洋食屋は軒並み閉店してしまった。こっちも年を取って、あんまり「がっつり肉！」という感じでもなくなっている。なので、積極的にハンバーグを食べることもないのだが、先日たまたまお昼にハンバーグ推しの店に入った。本当は別のカレー屋に入るつもりが行列ができていたのでやめて、馴染みの定食屋に行ったら休みで、どうしたもんかとブラブラしてたら、その店が目についたのだ。コロナ禍に新規開店して「頑張れ」とは思っていたが、時短や禁酒の状況下で入る機会がなかった。白を基調にしたオシャレなインテリアで、ほぼカウンターのみ。ディナータイムには生ハム食べ放題をやってるらしく、目の前に生ハムの原木がドーンと鎮座している。生ハムなんてそんなに食えんだろうと思うが、若者にはうれしいのだろうか。

肝心のハンバーグは、令和の基準では普通だった。牛ではなくポーク100％でハモンセラーノ入りとのこと。3種類から選べるソースは、チーズトマト、シェリークリーム、青ネギ醤油でデミグラスがないのは残念だった。思い出補正が入っているとは思うけど、あの経堂のハンバーグにはやはり及ばない。むしろ付け合わせのパスタのほうがうまかったが、もともとパスタが専門の店のようで、なるほど納得。

そして、その日の夕食というか晩酌時。コロナ禍のせいで家飲みが増え、その日も外食ではなく家飲みだったのだが、「お昼はあの店に初めて入ってハンバーグ食べた」という話をしたら、妻が沈痛な面持ちで「……残念なお知らせがあります」と言うではないか。え、いったい何事⁉　呑気にハンバーグの話とかしてる場合じゃなかった？　と思ったら、「今日はこのあとハンバーグが出てきます」と言うのだった。

いやいや、それは全然大丈夫。同じハンバーグでも、作る人によって味は違うし、2食ぐらいカブってもノープロブレム。作ってくれたものは何でもおいしくいただきますよ……なんてことを言いながら、実際おいしくいただいた。

が、話はそこで終わらない。ちょうどその頃、寝る前の息抜きとして、インターネットの英単語推理ゲーム「Wordle」をやるのが日課となっていた。5文字の英単語を当てるゲームで、一日一回しかできず、お題は全員共通というところがミソだ。その日も食後にツイッターなどチェックしたあとWordleをやり、ついでに同じようなルールで日本語の単語を当てる「ことのはたんご」というゲームもやった。そしたらなんと、正解の単語が「ハンバーグ」だったのだ。

日本語ゲームで「ハンバーグ」が正解って……と思ったが、それよりここでまたハンバーグが出たことに驚いた。一日三回のハンバーグとの遭遇。これはもう「ハンバーグ記念日」と呼んでいいのではないか。俵万智の「サラダ記念日」のような短歌にはできないけれど、そんな小さな偶然にちょっと笑ってしまった一日だった。

7品目　おいしい味噌汁の条件

高橋留美子『めぞん一刻』（1980年〜87年）といえば、ご存じ昭和のラブコメマンガの金字塔だ。クセの強い住人ぞろいのアパート「一刻館」を舞台に、浪人生・五代裕作と管理人・音無響子のもどかしい恋模様を描く。それはもう「もどかしい」なんて一言ではとても片付けられないくらい山あり谷ありの展開に、身悶えした読者は数知れず。紆余曲折ありまくった末、優柔不断な五代が物語終盤にようやく絞り出したプロポーズの言葉は「お、おれ…響子さんの…響子さんの作ったミソ汁…飲みたい…」だった。

やや間があって「…はい……」と答え

た響子さん。が、彼女は普通に味噌汁を出し、「ごはんもありますけど…」と言い添える。そう、早とちりなわりに鈍いところもある〝魔性の天然ボケ〟の響子さんに、遠回しな言い方は通用しないのだ。五代も五代で、本当は「ぼくのためにミソ汁を作ってください」と言うつもりだったのに、緊張して〝ただ味噌汁飲みたいだけの人〟みたいになってしまった。

このプロポーズの言葉を考えるシーンで、五代はいくつかの候補の中から「よしっ、ミソ汁でいこう。オーソドックスだけど…」と心に決めた。つまり、連載当時（昭和末期）において「キミの味噌汁を飲みたい」的なフレーズが（実際に言った人がどれだけいるかは別にして）プロポーズの言葉の定番として認知されていたということだ。

しかし、今どきはそうはいかない。２０１０年に開催された「第4回 恋人の聖地 プロポーズの言葉コンテスト」（ＮＰＯ法人地域活性化支援センター主催）の最優秀賞は「ボクに毎朝、お味噌汁をつくらせてください。」だった。昭和の定番フレーズを男女逆転させた点が評価されたのだろう。現実にはいまだに女性が料理を担う家庭は多いと思うが、少なくとも公式の場において「味噌汁は女性が作るもの」というステレオタイプなジェンダー観は、もはやネタにしかならないのだ。

その点、ウチの母親は時代を先取りしていた。「序」で書いたとおり、基本的に料理はしない。結婚する前は地元の銀行に勤めていて、特技はそろばん。それでも、学校のある日の朝食は作ってくれていて、簡単なおかず（みりん干しをトースターで焼いただけとか）に生卵と味付け海苔と味噌汁というのが通例だった。こっちは朝からそんなに食欲もないので十分すぎるほどであったが、問題はその味噌汁である。

作ってもらっておいて文句を言うのもなんだが、正直、非常にマズかった。しょっぱいだけで旨味というものがない。味噌が悪いのではないかと思って「しょっぱくない味噌にしてほしい」と申告したら、ある日、減塩味噌に変わっていたのだが、その味噌で作った味噌汁はさらにマズかった。なぜだろう……と考えたところで、子供にわかるはずもない。

その後、大学進学で東京に来て一人暮らしを始めた。外食が多かったが、節約のため自炊をすることもあった。といっても、炊飯器でごはんを炊いて、おかずは「レトルトを温める」とか「とりあえず塩コショウとしょうゆで炒める」といった料理とも呼べぬものばかりで、手の込んだことはできない。味噌汁も、もっぱらカップ味噌汁だった。

ご承知のとおり、カップ味噌汁は味噌と具をカップに入れてお湯を注げばできあがりだ（最近はフリーズドライのものもあるが、当時はあまり見なかった）。インスタントとは思えないぐらい、普通においしい。ウチの母親の味噌汁も作り方は同じなのに、なぜこんなに味が違うんだろう……？　と、ずーっと不思議に思っていた。

はい、賢明な読者諸氏はすでにお気づきだろう。ウチの母は、ダシ入りでも何でもないただの味噌をそのままお湯で溶いていたのだ。正確には、①味噌をお椀に入れる、②味の素を振りかける、③お湯を注いで混ぜる、④とろろ昆布を入れる、というのがウチの母の味噌汁レシピ。ダシが入ってないんだから、おいしくないに決まっている。

調べてみたら、マルコメが業界の先陣を切って「だし入り料亭の味」を発売したのが1982年。私が大学に入学する前年である。マルコメ公式サイトによると、開発のきっかけは「お客様からの『おたくの味噌でつくったみそ汁は、ぜんぜんおいしくない』というクレームの電話だった」とか。しかも、「よくよく聞いてみると、その方はだしを取っておらず、味噌をお湯で溶いただけだったことが判明した」って、ウチの母と同じじゃーん！

もちろん店で出していたのは、ちゃんとダシを取った味噌汁（赤だし）だったが、フロア担当で調理に関わらない母にはダシの概念がなかったのだろうか。まあ、私も母が味噌汁を作るのを見て、その手順に疑問を抱かず味噌のせいと思っていたのだから似たようなレベルだが、10年ほど前の正月に帰省したとき、『ダシの取り方』みたいな本が置いてあったのには驚いた。70代も半ばを過ぎて今さらダシの取り方覚えてどうすんだ。もうダシ入り味噌でいいんじゃないの？

ちなみに、妻のお母さんも料理が好きではないらしい。共働きで忙しいなか、やむなく作っていたものの、全体的にあまりおいしくはなかったという。味噌汁は顆粒のダシの素を使っていてそれなりの味だったらしいが、話を聞いて感銘を受けたのは、お吸い物の作り方だ。①お椀にとろろ昆布を入れる、②お湯をかける、③しょうゆを垂らす。……それはおいしくないだろう。ウチの母の味噌汁に優るとも劣らない。

そんな家で育った妻ではあるが、意外と料理好きである。もともと外食率の高かった我が家もコロナ禍で家飲みが増えた。前述のような料理しかしたことのなかった私も最近は結構いろいろ作る。もっとも、基本は酒のつまみなので味噌汁には縁がない。一方、妻はときどき自分の昼メシ用に味噌汁を作って食べたりしている。たまに私もご相伴にあずかるが、ちゃんとダシを取ったおいしい味噌汁だ。

何しろ母の味噌汁がそんなんだったので、味噌汁に対する思い入れは特にない。が、お店で出てくる味噌汁がイマイチだと、やっぱりちょっとガッカリする。わりとよく行く近所の定食屋は、味も雰囲気も好きなのだが、味噌汁だけはイマイチなのだ。煮立てすぎなのか何なのか、風味やコクが飛んでしまっている感じ。

お店自体は繁盛しているので、そう感じるのは私だけかと思ったら、近所のインド料理屋のシェフ（日本人）が「あそこは味噌汁がねー」と言うではないか。「あー、それは確かに」と相槌を打ちつつ、私の中でそのインド料理屋の味への信頼度がさらに上がった。そのうち味噌風味カレーとか出してくれないか、と密かに期待している。

8 品目 最高のおやつ

我が家には「おやつ」のシステムがなかった。マンガやアニメの描写、カステラの文明堂のCMなどから「3時のおやつ」というものが世の中に存在することは知っていたが、子供の頃に「おやつですよ」と何かを出されたことはない。友達の家に遊びに行くと、その家のお母さんがお菓子を出してくれたりして驚いた。市販品ではなく手作りの焼き菓子みたいなものが出てくると、「え、なんでわざわざ?」と思うと同時に、ちょっと残念だったのも覚えている（なぜなら、手作りより市販品のほうが正直おいしかったから）。

そんなわけで、おやつ文化には馴染みが薄い私だが、だからといってまったく間食をしなかったわけではない。今はお菓子類はほとんど食べないけれど、子供の頃は人並みにお菓子好きだった。しかし、おやつとしての配給は基本的にないので、自分のお小遣いで買う。近所のタバコ屋は、菓子パンやスナック菓子、アイスなんかも売っていて、マイ・フェイバリット・ショップだった。メロンパンやジャムパンもいいが、何といっても最高峰はチョココロネ。値段もちょっと高かった気がする。スナック系は、ぼんち揚げ（関東で言う歌舞伎揚げ）かサッポロポテトかで悩む。

少し遠くの駄菓子屋には、友達と自転車で行く。カレー風味のスナックやラムネ、噛んでるうちに溶けてなくなるガム、得体の知れないゼリーなど、100円あればそれなりにいろんなものが買えた。くじを引いてハズレのときにもらえるコイン型のチョコも好きだった（なんか粉っぽい味。包装紙なしのむき出しで渡される）。

ただし、お中元やお歳暮の季節になると話は別だ。もらいもののお菓子（缶に入ったクッキーとか）が居間に置いてあって、勝手に食べていいことになっていた。それでも一瞬で食べ尽くすようなことはせず、「一日いくつ」と決めて計画的に食べていたのは性格だろう。お中元でもらう水ようかんとプリンの缶詰セットは夏のお楽しみ。これも一日1缶だ。

最高のおやつ

両親の出身地である石川県の銘菓「柴舟」も年一ぐらいで届いた。生姜糖風味の煎餅は子供の舌には合わなかったが、ほかに食べるものがなければ食う。同じく石川県の名産でクルミの佃煮もあった。ゴリ（ハゼ類の小さな川魚）の佃煮などとセットで送られてきて、ゴリは朝ごはんのおかずや父の晩酌のアテになるものの、クルミはあまり消費する場面がない。残ったものをおやつ代わりに食べてたら、母の脳には私の好物としてインプットされたらしく、いまだに正月などに「これ好きやろ」と勧めてくるのが困りものだ。

それ以外にも、果物が置いてあることは結構あった。みかんやバナナは子供でも簡単に皮を剥けるが、問題はリンゴや梨である。両親とも店に出ているので、剥いてくれる人はいない。リンゴは皮ごと食べてもいいが梨はちょっとつらい。となると、自分で剥くしかない。住居スペースに台所はなかったが、包丁は1本置いてあった。サイズ的にはペティナイフぐらいのやつ。もともと手先は器用なほうなので、すぐに皮剥きはマスターした。リンゴ丸ごとを途切れさせずに剥くこともできる。自分で料理をするようになったのはコロナ以降だが、そのとき覚えた包丁の扱いは大いに役立っている。

おやつといえば、もうひとつ思い出すのが天ぷらだ。ウチの食堂は通し営業だったが、3時前後は客足も少ない。そんなとき、店をうろうろしていると調理場のおにいさんが天ぷらを揚げてくれることがあった。といっても、エビやイカのようなメイン食材ではなく、だいたいいつも海苔だった。一枚の海苔に半分だけ衣をつけて揚げたやつ。これがめちゃくちゃうまかった。揚げたてパリパリの海苔の香ばしさと薄い衣のコンビネーションが絶妙で、何枚でも食べられる。

天ぷらがおやつに入るのかどうかわからないが、自分の記憶の中では最高のおやつだった。今考えれば、味もさることながら、「人からもらう」というところがポイントだったのではないか。自分で買ったり、そこにあるものを勝手に食べたりするよりも、「これ食べな」と出されたほうが、なんとなく特別感がある。しかも、目の前で揚げるというパフォーマンス付き。そりゃ記憶にも残るだろう。熱々の海苔が上あごに張り付いて軽く火傷したのもいい思い出だ。

ちなみに、ウチの妻に「子供の頃、おやつってあった？」と聞いたら、「ブルボン！」という返事が返ってきた。妻の家も共働きで、おやつとしてブルボンのお菓子（主にホワイトロリータ）が置いてあったらしい。妻は漫画家で、子供時代のことを描いた『スラム団地』という作品があるのだが、その中でも家に遊びに来た友達と一緒にホワイトロリータを食べるシーンがあった。

そんな妻のキング・オブ・おやつはカルビーのポテトチップス。「袋をまりまりって開けるところからエンターテインメント！」「パリパリの薄いポテチ最高。あれで顔を洗いたいぐらい」と絶賛が止まらない。「そんなに？」と思うが、確かにカルビーのポテトチップスは昭和中期生まれの子供には衝撃の味だった。前述のぼんち揚げ、サッポロポテト、カールなどとは違う素材そのまま感の味が、かっぱえびせん以上に「やめられない、とまらない」。

というか、かっぱえびせんもサッポロポテトもポテトチップスもカルビーの製品である。同社のホームページを見たら、かっぱえびせんは１９６４年、サッポロポテトは１９７２年、ポテトチップスは１９７５年の発売だった。なんと、かっぱえびせんは私と同い年！サッポロポテトは札幌オリンピックにちなんだネーミングとのことで、歴史を感じる。

海苔の天ぷらとポテトチップスが最高のおやつだったという夫婦。そら毎晩酒飲みますわな。妻は今もポテチ好きで、湖池屋の「じゃがいも心地　オホーツクの塩と岩塩」にハマっていた（最近は近所で売ってないらしくしょんぼりしている）。私のほうの海苔の天ぷらはなかなか食べる機会がない。天丼てんやの単品メニューか丸亀製麺の天ぷらラインナップに入れてくれればうれしいのだが。

9品目 校外学舎の悲しき夕食

私が通っていた小学校では、高学年になると年に1回か2回、校外学舎に泊まりがけで行く行事があった。校外学舎というのは、読んで字のごとく学校外にある学舎、いわば別荘のようなものである。といっても、そんな立派な建物ではなく、プレハブ小屋に毛が生えた程度のものだったが、要は泊まりがけの遠足と思ってもらって間違いない。

所在地は兵庫県川西市。能勢電鉄妙見口駅から徒歩15分ぐらいだったか。妙見山という東京でいえば高尾山みたいなポジションの山の麓にあり、自然豊かな環境だった。というか、自然豊かな環境だからこそ、都会っ子たちを泊まりがけで連れていくことに教育的意義があったのだろう。

到着すると、最初にやるのが布団干しだ。たまにしか使われないため湿気ってカビ臭くなった布団を、みんなで庭に運び出す。大変な作業のようだが、自分が寝る分の布団を運べば数は足りるわけで、さほど大変ではない。雑草だらけの地面に直で置いていたような気もするが、いくら昭和の衛生感覚でもゴザかブルーシートぐらいは敷いていたんじゃないか。とはいえ、たまに地面から這い出してきた大ミミズが布団の上をのたくっていることがあり、それはさすがに気持ち悪かった。ミミズのぬめりで汚れた布団をどうしたかは記憶にない。

その後、妙見山に登って（ケーブルカーがあるので小学生でも登れる）、山上の広場かどこかで各自持参の弁当を食べる。普段は給食なので、弁当というだけでイベント感があった。ウチの小学校は校内調理だったので給食はそれなりにおいしかったが、こういうシチュエーションで食べる弁当は本来の味の2割増ぐらいには感じられる。

そして何よりの楽しみは、おやつである。当時は「おやつは100円まで」だった。友達と一緒に駄菓子屋に繰り出して、真剣に吟味する。「オレこれ買うから、オマエそれ買うて半分こせえへん？」みたいな密約を結ぶのも楽しい。今考えれば、別に検査があるわけでもないので多少オーバーしてもバレやしないのに、きちんと限度額内に収めようとするのがいかにも小学生である。

そのおやつ代は自分の小遣いから出していたのか、それとは別に親が出してくれたのか。学校行事ということで親が出してくれていた可能性が高いが、だとしたら全部使わず余らせた分を自分の小遣いにするという手もある。たかが数十円でも、小学生にとってはバカにならない。友達とのおやつ交換でも、いかに有利な取り引きをするかが大事。そういう意味では、今よりはるかに真剣に生きていた。

校外学舎の周辺には小さな池もあり、そこでよくアカハライモリを捕って遊んだ。セミやカブトムシも普通に捕れた。今では夏の終わりのセミファイナル（死にかけのセミが突然ブブブブと暴れるやつ）にビクッと後ずさる体たらくだが、当時は生きたセミでキャッチボールしたりもした。何でも遊びにできるのが小学生男子というものだ。

しかし、何事も楽しいばかりでは終わらない。日が沈み暗くなってくるにつれ、憂鬱な気分がふつふつと湧いてくる。ああ、またアレの時間がやってくる……。本当に嫌なんだけど、どうにかならないのかなあ……。

いや、別にいじめタイムとか勉強タイムとかがあるわけじゃない。学年全体で十数人しかいないのにいじめもクソもないし、小学校時代は神童だった私にとって勉強だったらそんなに苦じゃない。友達と一緒に風呂に入るのが嫌なわけでもない。

じゃあ何がそんなに嫌かというと、夕食である。校外学舎の夕食メニューは毎回同じで、ごはん、豆腐のスープ、天ぷら盛り合わせ。お新香的なものもあったかもしれない。それだけ聞くと悪くなさそうだが、この天ぷらがクセモノなのだ。

ちくわ天、レンコン天、タマネギとニンジンのかき揚げ。このラインナップで小学生が喜ぶと思います？　エビとかイカとかキスとか、何かひとつぐらい主役級を投入してよ！　しかも、揚げたてならともかく、冷めきってしんなりべっちょりしてるのだ。特にかき揚げの油の回りっぷりが凶悪だった。前述の海苔の天ぷらとは大違い。せめて天つゆがあればごまかしも利くが、調味料はウスターソースのみ。これは厳しい。

子供の頃から現在に至るまで、出された食事をマズいと思ったことはあまりないが、この校外学舎の夕食だけははっきりとマズかった。そもそもこの天ぷらラインナップでは、酒のつまみとしてならまだしも、おかず能力（おかず一口に対して、どれだけごはんが進むかというポテンシャル）は低いし、そのくせごはんの量が微妙に多く、食べ切るのに苦労する。毎回、苦行のような時間であった。

地元の業者に委託していたのだと思うけど、いったい一食いくらの予算だったのか。安いなら安いなりに、もうちょっと何とかならなかったのか。とてもプロの調理師の仕事とは思えない……などと明確に意識したわけではないけれど、食堂の息子として納得いかない気持ちはあった。もちろん先生含めてみんな文句も言わず粛々と食べていたが、気持ちは一緒だったかもしれない。

夕食の印象が強すぎて翌日の朝食はよく覚えていない。普通にごはん、味噌汁、玉子焼き、海苔とか、そんなものだった気がする。カピカピの塩鮭とかも出たような？　でも、前の晩の天ぷらに比べたら全然ＯＫ。そして、そのへんで適当に遊んだりしたあと、帰路につく前の昼食は、みんな大好きカレーである。おそらくボンカレーだったと思うが、カレーはカレー。泊まりがけ遠足の締めくくりとしては最高だ。

その校外学舎も今はもうない。というか、学校自体が１９８６年に廃校となった。学校跡地には現在、タワーマンションが建っている。しかし不思議なもので、それなりにおいしかったはずの給食のメニューはほとんど覚えていないのに、あの校外学舎の天ぷらの味だけは半世紀近く経ってもなお忘れられないのであった。

10 品目 わんこスイカ

子供の頃の夏休み、日中は高校野球をよく見ていた。今や彼らの親よりも年上になってしまったが、当時は「お兄さんたちがすごい頑張ってる」と思って見ていた。昭和の時代の運動部は「練習中に水を飲んではいかん」というのが常識だったから、あの球児たちも炎天下で水分補給もしないまま死に物狂いでプレーしていたのだろう。

中高時代、進学校の弱小剣道部に所属していた私も練習中は水を飲めなかった。夏合宿で汗をかきすぎたせいか、めんつゆのような真っ黒なおしっこが出て「え、オレ死ぬの？」と思ったことは今も強烈に覚えている。練習後に冷水器（ペダルを踏むと冷水が出るやつ）で飲んだ水のうまさも忘れられない。ちょうどその頃、粉末を水に溶かす「ゲータレード」というスポーツドリンクの先駆け的なものが登場したのも記憶に残っている。初めて飲んだときの全身に染み渡る感じは、これまた衝撃的であった。

夏合宿の寝泊まりは教室だ。机を脇にどけて柔道用の畳を敷いて雑魚寝である。男子校なので思春期的ドキドキもなければ、クーラーなんて気の利いたものもない。扇風機はあったかもしれないが、蒸れた空気をかき回すだけ。窓を全開にしても入ってくるのは風よりも蚊やカナブンがメインである。寝苦しいことこのうえないが、そんな状況でも眠れるのが若さというものだ。

午前中はランニングや腕立て伏せなどのトレーニングと練習。まだうさぎ跳びもトレーニングになると信じられていた時代である。昼食と昼寝を挟んで午後の練習。普段の放課後部活に比べて格段に練習時間が長く、体力的にきつかったのは事実だが、そこはしょせん進学校の弱小部活。４泊５日ぐらいの間にレクリエーションと称してソフトボールをやったり、ゆるゆるといえばゆるゆるなスケジュールではあった。

食事は学食で用意してくれていたはずなのだが、どんなメニューだったかまったく思い出せない。当時の部活仲間にも聞いてみたが、やはり忘却の彼方である。40年も前のことだから無理はない。とりあえず普通に食えるものが出て、普通に食っていたのだろう。猛練習で食欲がなくなるということもなかった気がする。

そんななか、はっきり覚えているのがスイカである（電車に乗るときに使うカードじゃなくて果物のほう）。合宿が始まると、どこから聞きつけるのか、律義なＯＢたちが陣中見舞いにやってくる。その際に持ってくる差し入れが、必ずと言っていいほどスイカだった。

夏の風物詩であり、水分補給の観点からも差し入れに好適と、みんな思うのだろう。冷蔵庫はないのでバケツに水を入れて冷やす。大して冷えないが、ようやく日が暮れて少し暑さがやわらいできた頃合いにかぶりつくスイカは格別の味わいだった。汁がボタボタ垂れても気にしない。タネは本当はグラウンドにプププッと飛ばしたいが、そうもいかないのでゴミ箱（デカいポリバケツ）に吐き出す。あー夏休み〜って感じである。

しかし、喜んで食べていられるのは最初のうちだけ。何しろ来るＯＢ来るＯＢ、みんなが示し合わせたようにスイカを３つも４つも持ってくるのだ。部員が１００人もいるような大所帯ならよかろうが、当時の我が剣道部は十数人程度。そこにスイカが10個も20個も届いたらどうなるか。一人で丸ごと１個とか、食わなきゃいけなくなるのである。

スイカ好きな人なら「それぐらい食えるだろ」と思うかもしれない。が、私はさほどスイカ好きではないし、わりとすぐに飽きてしまう。カブトムシじゃあるまいし、スイカばっかりそんなに食えん。それでも先輩に「まだいっぱいあるから食え」と言われると、食わざるを得ない。次から次へと切り出されるスイカは、わんこそばならぬ〝わんこスイカ〟状態。ほとんど水分だからお腹タポタポになるし、なんだか汗までスイカの匂いになりそうだった。それはつまりカブトムシの匂いじゃないか。

その後、高校を卒業して大学生、社会人になってからは、スイカを食べる機会はほとんどなかった。たまに飲み屋でサービス的に出されたり、コース料理のデザートに出たりすることはあっても、自分で買って食べることはないまま幾星霜。あの中高時代の夏合宿で一生分のスイカは食べ尽くしたと思っていた。

ところが、人生何が起こるかわからない。あれは2006年8月のこと。漫画家の西原理恵子さんと一緒に恐竜化石発掘取材で内モンゴル自治区のゴビ砂漠に行った。真夏の昼間のゴビ砂漠は死ぬほど暑い。湿度が低くてカラッとはしているものの、叩きつけるような日差しは、物理的な圧力を感じるほど。あれは太陽光線という名の兵器である。ペットボトルの水でタオルを濡らして頭からかぶっても一瞬で乾いてしまう。

そんなところでコツコツと恐竜の化石を掘るのだから、水分補給は必須である。そこで登場したのがスイカだった。休憩タイムに中国科学院の李教授が大玉のスイカを豪快に切ってくれる。これがまた、さすが中国というとんでもない物量なのだ。

ツアーに便乗した取材で、日本からの参加者は十数人いたが、一人2個分ぐらいは余裕であった。それをジャンジャン切ってジャンジャン食わせようとする李教授。「いや、もうそのぐらいで十分なので」と思うが、言葉が通じないうえに相手は「食べ切れないほど出すのが礼儀」の中国人。まさかの〝わんこスイカ大会 in ゴビ砂漠〟である。

しかし、そのスイカは間違いなく人生で一番うまかった。ナンボでも食える……というのはウソだが、乾いた体に染み渡り、あの夏合宿のスイカよりガブガブ食った。タネは砂漠に飛ばし放題。芽が出ることはなかろうが、エコ的にも問題ないだろう。

李教授は昼食も作ってくれた。印象に残っているのはトマトと卵の炒め物。中華では普通のメニューだが、李教授のは砂糖がたっぷり入っていた。最初に一口食べたときは「甘っ！」と思った。が、砂漠の日差しに灼かれた身には、その甘さが癒しになるのだ。

それ以来、スイカを一切れ以上食べたことはないし、砂糖たっぷりのトマトと卵の炒め物も食べことがない。似たような炒め物はたまに作るが、砂糖は入れない。あの日あのときあの場所で食べた味は、あの場所だからおいしくて、それは二度と味わえないのだと思う。でも、それでいい。外食の基本は「一期一会」なのだから。

11品目　ところ変われば品変わる

大阪から東京に来た人間が一番面食らうのは、うどんのつゆが黒いこと——という話はもう言い古されているが、40年ほど前に私が東京に来たときはやっぱり面食らった。話には聞いていたものの、水面下のうどんがほぼ見えないぐらい黒い。見た目の印象は味覚にも影響するもので、黒いうどんのつゆは（おそらく実際以上に）しょっぱく感じた。

同様に、「きつね」と「たぬき」の違いにも困惑させられる。大阪できつねといえば油揚げののったうどん、たぬきといえば油揚げののったそばを指す。つまり「きつねそば」というものは存在しないし、「たぬきうどん」もありえない。ところが、東京のそば屋ではメニューに「きつねそば・うどん」「たぬきそば・うどん」の両方が記載されている。ご承知のとおり、前者は油揚げののったそば・うどん、後者は天かすののったそば・うどんだ。関西人が予備知識なしに「たぬき」を注文して「うどんですか、そばですか？」と聞かれて、「はぁ？たぬきはそばに決まっとるやろが！」と思ったら天かすそばが出てきた日には、ひと悶着あってもおかしくない。

ちなみに、東京でいう天かすトッピングの「たぬき」は、大阪（というかウチの店）では「ハイカラ」と称されていた。また、京都でたぬきというと、きつねうどんをあんかけにしたものを指すらしい。元実家の食堂のメニューには「かやくうどん」というのがあったが、これは東京でいう「おかめ」のこと。メニュー表記は「かやく」なのに、厨房に注文を通すときには「しっぽく」と呼んでいた。

ことほどさように、東京と大阪ではうどん・そばだけでもずいぶん違う。ほかにもいろいろ違いはあって、東京で「肉」といえば基本は豚だが、大阪では牛である。したがって、東京でいう「肉まん」は大阪では「豚まん」、東京の「牛丼」は大阪では「肉丼」だ。子供の頃に大阪進出してきた吉野家のＣＭをテレビで見て、「牛丼って何なん？　肉丼とは違うん？」と思ったのを覚えている。「他人丼」も大阪では牛肉を使うが、東京では豚肉のところが多い。ウチの店の他人丼はもちろん牛だったし、「肉いため」の肉も豚ではなく牛だった。その肉いためにに生卵を落としてすき焼き風にして食べると、これがまたうまい。

卵といえば、ウチの店のカレーライスにはデフォルトで生卵がトッピングされていた。織田作之助が通ったことで有名な「自由軒」の名物カレーにも生卵がのっているので、それを真似たのかもしれないが、ウチだけでなく大阪ではカレーに生卵は定番だ。東京だと、ゆで玉子か目玉焼きのほうが多数派だろう。大阪ではざるそばのつゆにうずらの生卵を入れるのも定番。大阪人には「生卵が入ってると豪華」「精がつく」みたいな生卵信仰があるように思われる。

精がつくとされる食材の一種であるうなぎも、西と東では調理法が違う。知ってる人は知ってると思うけど、関東は背開きで蒸してから焼き、関西は腹開きで蒸さずに焼く。そのため関東のうなぎはふっくら、関西はパリッとした味わいが特徴だ。俗に「江戸は武家文化だから切腹を連想させる腹開きは避けて背開きに、商人文化の大阪は腹を割って話すのがよしとされるので腹開きに」と言われるが、真偽のほどはわからない。

しかし、西は西でも長崎まで行くと、またちょっと違う。妻が長崎県諫早市出身なので何度か行ったことがあるのだが、とある法事の際、うなぎ料理屋で食事会があった。そこで出されたうなぎはお重ではなく独特の形の陶製の器に入っていて、二重底になった下の段にはお湯が入っている。湯気でうなぎが蒸されてふっくらすると同時に冷めにくくする仕掛けだという。確かに、うな重やうな丼のようにごはんの上にのってればともかく、お重に入ったうなぎはわりとすぐに冷めてしまう。だからといって、そんな専用容器を作ってしまう〝うなぎ愛〟には頭が下がる(あとで調べたら長崎の中でも諫早特有らしい)。

妻のソウルフードは諫早駅前の食堂の「ごぼ天うどん」だ。私にとってごぼ天とは練り物の中心にごぼうが入ったおでんの具のイメージなので「あれをうどんに入れるの?」と訝しく思ったが、普通にごぼうの天ぷらのことだった。そして、うどんはコシのないやわやわのが良いという。博多うどんもやわらか麺なので、九州北部はそういう嗜好なのだろう。が、東京ではコシが命の讃岐うどんが全盛だし、ご当地うどんの武蔵野うどんもアゴが疲れるほど硬く、やわらか麺のお店はあまりない。「うどんにコシなんかいらないんだよ!」派の妻は、しょうがないのでスーパーで買ってきたうどんをやわやわに煮たり、やわらか麺選手権日本代表の伊勢うどんのパックを買ってきてゆでたりしている。

伊勢うどんは私も好きだが、初めて旅先で食べたときは正直「何じゃこりゃ!?」と思ってしまった。大阪のうどんも讃岐や武蔵野と比べればやわらかいが、伊勢うどんのやわらかさは自分の中のうどんの概念を超えていた。普通のうどんをごはんとすれば、伊勢うどんはおかゆとか何なら重湯ぐらいの感じ。やわやわというよりふわふわだ。汁ではなく、タレをかけて食べるスタイルも新鮮だった。

同じく初めて食べて驚いたのが、沖縄そばだ。中３の夏休みに部活仲間と沖縄旅行に行ったときに食べたのが初体験。「そばというより細いうどん？　太いラーメン？」と思ったが、製法からしてその感想は間違ってはいなかった。沖縄でもうひとつ驚いたのは、夏の真っ盛りに「ぜんざい」を注文する人がいたことだ。「この暑いのにぜんざい⁉」と思ったら、その人の前に出てきたのは、いわゆる「氷あずき」。今調べたら、あずきじゃなくて金時豆らしいが、どっちにしても私がイメージするぜんざいとはまるで違う。


食に関する地域差は、挙げだしたらキリがない。そのなかで実は個人的に一番面倒くさいと感じているのが、定食の配置である。店によって違いはあると思うけど、大阪では左手前にごはん、その右にメインのおかず、左奥に味噌汁、右奥に小鉢やお新香というのが基本。一方、東京では左手前にごはん、その右に味噌汁、左奥にメインのおかず、右奥に小鉢やお新香というのが一般的である。この東京式の配置が、どうにも納得いかないのだ。

大阪で生まれ育った私が大阪式のほうに馴染みがあるのは当然だが、単に馴染みの問題だけではない。右利きの自分は右手で箸を持ち、左手で茶碗を持つ。すると、東京式の配置だと、おかずに手を伸ばしたときに味噌汁が邪魔になる。味噌汁のお椀を持ち上げようとすると、ごはんが邪魔になる。これはどう考えても配置として失敗だろう。その点、大阪式なら左手で持つごはんと味噌汁が左側に並んでいるので、動線がスムーズだ。

さまざまなアイテムに関する地域差にスポットを当てた『くらべる日本』（文：おかべたかし・写真：山出高士）でも、この定食配置問題は取り上げられていた。解説文には〈東京にも「配膳のときはご飯と味噌汁は横並びだけど、食べるときにはご飯の上に置き直す」という人も少なからずいて、この大阪方式の利点を認める人は他地域にも一定数いそうだ〉との記述がある。私もいちいち置き直す派。面倒くさいが、そっちのほうがストレスが少ない。合理的な大阪式を、ぜひ全国の定食屋で採用していただきたい。

12品目「恵方巻」と「丸かぶり」

前回、「きつね」と「たぬき」や定食の配置など、食にまつわる東西文化の違いについて書いた。そこでもうひとつ思い出したのが「恵方巻」だ。毎年お正月シーズンが過ぎると、コンビニは一気に恵方巻推しになる。そして節分当日にはおにぎりやお弁当の棚の何割かが恵方巻で埋め尽くされるのが季節の風物詩。最近は食品ロスの問題もあり、以前ほど大量仕入れではない感じだが、それでもかなりのスペースで展開されることに変わりはない。

この恵方巻について「こんなの昔はなかった」という声がある。それは半分正しく、半分間違いだ。確かに「恵方巻」という呼称は昔はなかった。ちょっとネットで検索すれば出てくるが、1989年にセブン-イレブンが広島県の一部の店舗で節分の縁起物としての太巻き寿司を「恵方巻」と称して売り出したのが始まり。売れ行きがよく、翌年より販売エリアを拡大、95年には関西以西の地区、98年には全国で販売するようになったという。

しかし、節分に太巻き寿司を食べるという風習自体は、それ以前からあった。セブン-イレブンの公式サイトにも〈関西の風習としてあった「節分の日にその年の縁起のいい方角（恵方）を向いて無言で太巻き寿司をまるかぶりする」という情報にもとづいて恵方巻を一部の店舗で販売したのが始まりです〉との記述がある。セブン-イレブンがむりやり捏造したわけではなく、関西では昔からあった風習なのだ。

そもそも私自身が、子供の頃から毎年節分には太巻き寿司を食べていた。恵方巻ではなく「丸かぶり」と呼んでいたので恵方巻という呼び方には違和感があるが、少なくとも50年ぐらい前には、その風習がすでに存在していたのは事実である。恵方を向いて黙って食べるという作法も当時からあった。起源については諸説あり正確にはわからないが、単に自分が知らなかっただけのことを「昔はなかった」としたり顔で言う人には猛省を促したい。どんな分野でも「あった」は一例あれば言えるが「なかった」は軽々に言えることではない。言えるとしたら、せいぜい「昔の○○県では（自分は）見たことない」ぐらいだろう。

　我が家は年中行事をあまり重視しない家で、クリスマスパーティ的なものをやった記憶がない。ツリーなど飾ったことがないし、ケーキも何回かは食べたかもしれないが、毎年ではなかった。端午の節句にこいのぼりを飾ったこともない。五月人形はあったが、私としてはそういった装飾物には何の興味もなく、プレゼントさえもらえればそれでよかった。もちろんサンタクロースなど一瞬たりとも信じたことはなく、親に欲しいものを申告して値段との兼ね合いで可否が決まり、ＮＧの場合は代替案を出すという極めてリアリスティックな家庭だったのだ。

　そんな家にもかかわらず、節分の丸かぶりだけは必ず食べた。何しろ我が家は食堂なので、太巻き寿司は売るほどある。実際、節分はチャンスタイムで、今のコンビニほどではないにせよ、店頭に「節分の丸かぶり」と貼り紙して、ここぞとばかりに猛プッシュ。縁起物として買っていくお客さんも多かった。そのおこぼれに与るというか余りものを与えられるというか、「おまえら（姉と私）もついでに食っとけ」という感じで、その日の晩ごはんは丸かぶり一択なのだった。

　そういう環境で育ったもんだから、どこの家でも節分には丸かぶりを食べるのが当たり前だと思っていた。ウチみたいに毎年必ずということはなくても、食べたことはあるだろう。そう思って、中学高校の同級生（つまり同年代の関西出身者）に聞いてみたら、意外とみんな食べたことがないと言うのである。大人になって恵方巻がコンビニで売られるようになってから食べたという人はいても、子供の頃に食べた記憶はない、「丸かぶり」という呼称も聞いたことがない、という人がほとんどだった。

そんなバカな！　と、ツイッターでも関西出身者にアンケートを取ってみたが、「丸かぶり」より「恵方巻」が圧倒的に優勢。嗚呼、昭和は遠くなりにけり……。というか、ウチが特殊なだけで、一般家庭では太巻き寿司を一本丸ごと食うなんてことは、昔もあまりしなかったのだろう。コンビニ主導で恵方巻が世間に認知されて、イベント的に食べるようになった——というのが実情のようだ。「昔はなかった」というのは間違いだが、「関西人ならみんな丸かぶりを食べてたはず」というのも認知の歪みなのである。

かく言う私も大学進学で東京に来て以来、節分に太巻き寿司を食うという習慣はなくなった。当時の東京にそんな風習はなかったし、特に強い思い入れがあったわけでもないので、わざわざ丸ごとの太巻き寿司を買ってくるようなこともない。寿司を食うなら、どう考えてもにぎりのほうがいい。上京当時、東京のうどんはマズいと思ったし今も思っているが、そばと寿司は東京の勝ちだ。いわゆる大阪寿司は、巻き寿司や押し寿司がメインである。ウチの巻き寿司（太巻き）も具は玉子やキュウリ、かんぴょう、高野豆腐などで、もしかしたらエビぐらいは入っていたかもしれないが（記憶曖昧）、地味といえば地味だった。やっぱり寿司には海鮮ネタが欲しい。

とかなんとか言ってるうちに東京のコンビニで恵方巻が売られ始め、最初は「ケッ、何が恵方巻じゃ。それを言うなら丸かぶりやろ！」と苦々しく思っていたのだが、ある年ふと見たら「海鮮恵方巻」なるものが売られていた。イカや明太子、ネギトロなどが具材で、見るからにうまそう。太巻き一本分ではなくハーフサイズで、中年にも無理なく食べ切れる感じ。縁起物でもあるし妻の分も合わせて２つ買って、丸かぶりの趣旨を説明して一緒に食べたら、これが実にうまかった。黙々と食べる妙な雰囲気もまた楽しい。

以来、我が家では毎年節分に某ファミマの海鮮恵方巻を食べるのが習慣となっている。妻もいたくお気に入りで、「これ、節分だけじゃなくてずっと売ってくれないかなー」と言う。が、こういうものは縁起物としてその日に食べるからいいのであって、通年で売ってたらわざわざ食べない気がする。我が家においてはクリスマスのチキンやケーキより恵方巻……じゃなくて丸かぶりが年に一度のちょっとしたお楽しみ。安上がりで結構なことである。

13品目 ちくわぶとはんぺん

おでんについては【5品目】でちょこっと書いた。しかし、そのときあえて触れなかったネタがある。ここで言う「ネタ」とは、おでんのネタと話のネタを掛けているわけだが、なぜ触れなかったかというと、なかなかデリケートなネタだからだ。支持派と不支持派の温度差が激しく、うっかり触れると火傷する。

つまり、「ちくわぶ」と「はんぺん」の話である。両者に共通しているのは、私が生まれ育った大阪では馴染みの薄い食材である、という点だ。「ちくわぶ」という文字列を初めて目にしたのは中学生のとき、ちばてつやの『おれは鉄兵』

というマンガの中だった。

主人公の上杉鉄兵が寮生活している学校の食堂で、おでんがおかずに出る。「おっ　きょうはおでんか　おれ　ちくわぶだいすきなんだ」と喜ぶ鉄兵のお皿は、やけに盛りがいい。しかもちくわぶが山盛りだ。不審がる級友に「そりゃ きみ おおいのをよってきたのよ」と返す鉄兵だが、「指がぬれてるぞ」と言われて「あ・・・・」とあわてて指をなめる。要は、よそのお皿からちくわぶをちょろまかしてきたわけである。

このシーンを見たとき、最初は「ちくわ」の誤植かと思った。絵を見ても真ん中に穴が開いているし、ちくわっぽい。周りがナルトのようにギザギザになっているのはマンガ的な誇張表現なのかな、と子供心に思ったものだ。

山盛りのちくわぶにご満悦の鉄兵。ちばてつや『おれは鉄兵』（講談社）18巻p12より

のちに世の中にはちくわぶというものが存在することを知り、大学進学で東京に来てからおでん屋で初めて食べた。自分で注文したわけではなく、盛り合わせ的な感じで出てきたか、誰かが注文したのを分けてもらったかしたのだと思う。そのときの感想を率直に言えば、「え、何食べてんの、オレ？」というものだった。「ぐにぐに」という

か「ぬとぬと」というか、いわく言いがたい独特の食感を自分の脳内で処理できなかった。

こういうことを言うとちくわぶ好きの人に怒られそうだが、好き嫌い以前に「意味がわからない」。しかし、そう思っているのは私だけではないようで、「週刊文春」連載の平松洋子さんのエッセイ「この味」に次のような一節があった。

〈「あたし、ちくわぶが好きなのよ。でも、そう言うと、結構な頻度でバカにされるのよね」／友人のK美が憤慨している。／「こないだなんか、〝意味がわからない食品の最高峰。存在理由が不明〟と断言されて、ちょっと待て、そこまで言われる筋合いはない、と売り言葉に買い言葉」〉（「週刊文春」2023年2月9日号）

ほら、怒られた。でも、やっぱり意味がわからないと感じる人はいるのである。というか、平松さん自身が〈私も、初めてちくわぶに遭遇したとき「存在理由が不明」と首をかしげたクチ〉であると綴っている。その記事を読んだあと、近所のバーのマスターにちくわぶについてどう思うか聞いてみたら、「正直、必要性を感じない」との回答だった。平松さんは岡山、マスターは静岡の出身。ちくわぶは関東エリア1都6県でよく食べられている食材で、それ以外の地域（特に関西）の人間にとってはUFO（Unidentified Food Object＝未確認食事物体）なのである。

とはいえ、鉄兵やK美さんのように、ちくわぶが好きという人ももちろんいる。鉄兵は山奥育ちでちくわぶを食べる機会はなかったと思うのだが、きっとちば先生自身の好物なのだろう。ならば、私も少しはちくわぶのことを理解しようと思ってググってみたところ、なんと「ちくわぶ料理研究家」と名乗り、ちくわぶの魅力を世界に発信している方がいた。東京の下町出身で「幼少期よりソウルフードのちくわぶを愛する」という丸山晶代さん。「ＩＬＯＶＥちくわぶ」というウェブサイトのほか、『ちくわぶの世界』（ころから／２０１９年）という著書もある。

こういうマニアックな本は大好物なのでさっそく買って読んでみたら、当然ながらちくわぶ愛に満ち満ちていた。巻頭カラーのちくわぶ料理グラビアは正直あんまりそそられない（「ちくわぶカツ丼」とかますます意味わからん）が、老舗ちくわぶメーカーの工場ルポやちくわぶの歴史は「へぇー」の連続で、ちくわぶにちょっと親近感が湧いてきた。人間同士でも何でもそうだが、相手を知ることは大事である。

丸山さんいわく、〈ちくわぶは、ただの食材。扱い方によってとびきり美味しくなり、その反対に「味がしみてなくて粉っぽい」「食感がねちゃねちゃする」ようにもなってしまいます。／最初にそんな残念なちくわぶを口にしてしまって、ちくわぶ嫌いになってしまった方にもちくわぶの可能性をお伝えできたら嬉しいです〉とのこと。とりあえず赤羽に行けば、おいしいちくわぶが食べられるようなので、機会があれば行ってみたい。

そして、私にとってもうひとつの謎食材であるはんぺん。これまた『おれは鉄兵』で見たのが最初だった（私はたいていの知識をマンガから得ている）。前述のシーンの続きで、おっさんくさい級友がコンニャクのようなものを「モグモグモグ・・・」と食べている。そののんびりした様子を見かねた鉄兵が言う。「あのね おっちゃん よけいなことというようだけどさ・・・ハンペンなんてそんなカミカミしなくてもいいの」。なるほど、はんぺんってのはやわらかいんだな、という情報がそのときインプットされた。

初めて食べたのは、やはり東京のおでん屋だ。ダシを吸ってふくらんだ三角形の白いやつ。これがはんぺんか、と思いながら食べてみたら、ちくわぶとは逆にふわーっとして歯応えがない。やわらかいものとは思っていたが、ここまでとは……。魚のすり身が原料なのでそれなりに味はあるものの、あまりにふわっとしていて食べた気がしない。どうにも〝存在の耐えられない軽さ〟を感じたのだった。

ちくわぶは初体験以来、今のところ食べていない。一方はんぺんは、チーズとかをはさんで焼いたやつなら食べたことがあり、それは酒のつまみとして悪くないと思った。まあ、いずれにせよ個人の好みの問題ではあるのだが、ちくわぶ、はんぺんと似た感じであまり積極的に食べたいと思わないのが、ういろう、ババロア、ムース、マシュマロなど。どうやら自分は曖昧な食感が好きじゃないらしい。

だからといって、それらを否定する気は毛頭ない。ちくわぶやはんぺんは個人の好き嫌いだけでなく地域差も関わってくるが、そういう多様性は大切だ。日本全国どこも同じでは面白くない。私が「ちくわぶ意味わからん」と言うのも、半分は本音だが半分は大阪出身者としてのお約束ネタみたいなところもある。それに対してＫ美さんのような東京出身者が「あのおいしさがわからないなんて！」と反論するところまでがセットの様式美。もしそこで本気でディスったり怒り出したりする人がいたら、それこそ不粋というものだろう。

14品目 「おふくろの味＝肉じゃが」って誰が決めた？

「おふくろの味」といえば肉じゃがである。国会で青島幸男が決めたのだ。今風に言うなら、自民党が閣議決定で決めたのだ。決まったことだからしょうがないのだ。

……というのはもちろん冗談だが、そう言いたくなるほど自民党は何でも閣議決定するし、「おふくろの味＝肉じゃが」のイメージは根強い。たとえば、gooランキングの「おふくろの味と聞いて思い浮かべる料理ランキング」（2019年5月31日配信）では、1位：肉じゃが、2位：味噌汁、3位：卵焼き、4位：カレーライス、5位：煮魚となっている。「モデルプレス」の『『おふくろの味』で思い浮かべる料理ランキング』（２０２１年８月２日配信）でも、１位：肉じゃが、２位：カレー、３位：唐揚げ、４位：味噌汁、５位：ポテサラと、堂々の首位だ。

一方、女性誌「CanCam」のウェブ記事「男が思う『おふくろの味』って何？」（２０２０年１月４日配信）では、１位：カレー、２位：味噌汁、３位：肉じゃがの順。ライフスタイルメディア「macaroni」の「令和版『おふくろの味』人気ランキングＴＯＰ20！懐かしいお母さんの味といえば？」（２０２２年７月29日配信）では、１位：卵焼き、２位：唐揚げ、３位：煮物、４位：肉じゃが、５位：カレーとなっている。トップの座こそ譲ったものの、上位にランクインしていることに変わりはない。

10～24歳を対象とした「Ｚ世代が選ぶ‼『好きな〝母の手料理〟ＴＯＰ10』」（２０２２年４月19日配信「Simejiランキング」）は、１位：ハンバーグ、２位：卵焼き、３位：唐揚げ、４位：オムライス、５位：カレーで、さすがに若い人が好きそうなメニューが並ぶが、それでも肉じゃがは６位に入っているのだから大したものである。

しかし、世のお母さんたちは、そんなに肉じゃがを作っているのだろうか。「Ｚ世代が選ぶ‼」以外のランキングは、質問からして個人の思い出としての「母の味」よりも〝あるある〟イメージとしての「おふくろの味」が選ばれているような気がする。そこで定番として浮かんでくるのが肉じゃがというだけで、実態とは合っていないのではないか。

そもそも「おふくろの味」というフレーズ自体が胡散臭い。ちょっと歴史を振り返ればわかることだが、明治・大正期には中流家庭でも女中がいたし、農漁村では食事は家族単位のものではなかった。「お母さん」が「家族の食事」を一手に引き受けるようになったのは「専業主婦」が誕生した戦後の高度経済成長期以降のことである。「料理（家事）は女がやるもの」という昭和の価値観（そして今なお自民党が固執する旧態依然な家族観）を背景に成立したのが「おふくろの味」なのだ。

そのなかで、肉じゃがはいかにして「おふくろの味」の代表格にのし上がったのか。魚柄仁之助『国民食の履歴書　カレー、マヨネーズ、ソース、餃子、肉じゃが』（青弓社／２０２０年）、湯澤規子『「おふくろの味」幻想』（光文社新書／２０２３年）によれば、似たような料理は昔からあったが、料理本で「肉じゃが」という名称が使われるようになったのは１９７５年頃。それ以前は家庭料理というより居酒屋メニューのひとつだった。その後、１９８０年代になって「懐かしい家庭の味」「おふくろの味」「男を落とす料理」として女性向けの雑誌やテレビ番組などで紹介され始める。そうした情報に接した女性が料理本などのレシピを見て作り始めた——というのが肉じゃが神話の真相らしい。

80年代当時20代だった女性が肉じゃがをよく作っていたとしたら、その子供世代に相当する今の30代ぐらいの人が肉じゃがを「懐かしいおふくろの味」と思うのは理解できる。

とはいえ、それほど伝統的な料理というわけではないし、もともと居酒屋料理だったのだから、「家庭的」というのも後付けのイメージに過ぎない。

自分の経験としても、肉じゃがを初めて食べたのは、たぶんどこかの居酒屋だ。実家の食堂のメニューにはなかったし、何度も書いてるようにウチの母親は基本的に料理をしない人だったので、肉じゃがに懐かしさは1ミリも感じない。前出のランキングに挙がっている料理の中で母が作ったのを食べたことがあるのは卵焼きと味噌汁ぐらい。味噌汁については【7品目】で書いたようなシロモノだったし、卵焼きは焦げがちだった。

私が郷愁を感じるのは、母の手料理ではなく今は亡き父が作っていた店の料理のほうだ。現実的には父以外の調理場担当の従業員が作ったものを食べていた可能性も高いが、レシピは父が決めていたはずなので、それはそれで「おやじの味」と言ってもいいだろう。

とはいえ、強いて自分にとっての「おふくろの味」を挙げろと言われれば、ひとつだけ心当たりがなくはない。店が休みの日に、母がたまーに作っていたかやくごはん。関西以外の人には五目ごはん、炊き込みごはんというほうが通りがいいかもしれない。お世辞にも料理スキルが高いとは言えない母だが、あのかやくごはんだけはうまかった。

と言いつつ、どんな具が入っていたかは、はっきり覚えていない。鶏肉、油揚げ、コンニャク、ニンジン、ゴボウ……といったところか。いや、店の冷蔵庫にある食材しか使ってないはずだし、ゴボウを使うメニューはなかったから、ゴボウじゃなくてタケノコとかシイタケだったかも。

具材が何であれ、炊きたてのかやくごはんは最高だった。お米の粒が立っていて、ホクホクと香ばしい。おかずなしでも全然食べられるし、めったにしないおかわりもするほど。おこげがまた格別で、姉と奪い合いになったものである。具材と調味料を入れて米を炊くだけだから分量さえ間違えなければだいたいおいしくできるとはいえ、母にとっても唯一自慢の得意料理だったのではないかと思う。

そのかやくごはんに関して、忘れられない思い出がある。小学4〜5年のときだったと思うが、本来なら日曜日開催のはずの運動会が、雨で月曜日に順延になった。そうなると、店があるので両親は来られない。ならばせめてあの子の好きなものを食べさせてあげようという親心だったのかどうか、かやくごはんをタッパーに詰めたお弁当を持たされた。

私が通っていた小学校はとにかく人数が少なかったので、運動会はみんながいくつもの競技を掛け持ちすることになり、結構忙しい。てんやわんやで午前の部が終わって、お待ちかねの昼ごはんタイム。ワクワクしながらタッパーのフタを開け、かやくごはんを一口ほおばったそのとき……思わず「何じゃこりゃあ!」と脳内のジーパン刑事が叫んだ。

炊きたてはあれだけおいしかったのに、冷めたかやくごはんは硬くてパサパサで味もそっけもないものに変貌していた。レシピサイト「クラシル」には〈かやくご飯は冷めてもおいしい〉と書いてあったが、母のかやくごはんはそうではなかった。味噌汁でもあればまだよかったが、残念ながらお茶しかない。やむなくお茶で流し込むようにして何とか食べたものの、めっちゃテンション下がったのは記憶に残っている。

その日、弁当に関して母に何か言ったどうかは覚えていない。子供ながらに「ここは文句言っちゃいけない」と忖度したような気もする。逆に「めっちゃマズかったわ」とストレートに言ったかもしれない。いずれにしても、私にとって「おふくろの味」と呼べるものがあるとすれば、あのかやくごはんなのである（ただし炊きたてに限る）。

15 品目 スマホがなかった時代

今や時代はスマホである。かつて菅原文太が「時代はパーシャル！」と言っても大してパーシャルじゃなかったが、今は「パーシャルって何？」と思った人もスマホでググればすぐわかるぐらいに「時代はスマホ」なのである。電車の中でスマホをいじってない人を探すほうが難しいぐらいに、猫も杓子もスマホ。杓子はともかく猫がスマホで自撮りした写真をツイッターとかで見ることも少なくない。

飲食店でも、一人客はほとんどがスマホをいじっている。カップルが無言でスマホをいじってる光景も珍しくない。グループでキャッキャ言ってると思ったら、インスタ映えする料理をスマホで撮っていたり、とにかくスマホがないと話にならない。かく言う私も、このエッセイを書き始めてから、何を食べたかの記録のため料理の写真を撮ることが増えた。料理が出てくるまでの待ち時間にツイッターを眺めたり、プロ野球の途中経過を確認したりもする。

　では、スマホのなかった時代はどうしてたか。学生やサラリーマン相手の定食屋やそば屋や中華屋なら、たいてい新聞や週刊誌、マンガ雑誌が置いてあったので、それを読む。喫茶店なんかだと、マンガの単行本がズラーッと並んでいたりして、思わず長居してしまうこともあった（今のマンガ喫茶やネットカフェとは別物です）。回転率が悪くなって大変そうだが、昔の喫茶店はコーヒー1杯で2時間やそこらいるのは普通だったから、「マンガがたくさんある」というのは、それはそれで店のウリになっていたのだろう。

　ウチの実家の食堂でも、新聞3紙、スポーツ新聞2紙、週刊誌2〜3誌ぐらいは常備していた。父親が定期購読していた「小説新潮」「リーダーズ・ダイジェスト」を月遅れで店に出したり、客が置いていったマンガ雑誌をそのまま並べたり、かなり適当な運用がなされていたように思う。

　私は私で、当時毎週買っていた「少年ジャンプ」を、読み終わり次第10円とかで買い取ってもらったりした。さらにお金がないときは、単行本も買い取ってもらっていた。なので、オフィス街の食堂なのになぜか『ワイルド7』や『キャプテン』が並んでいたりもしたのである（そのとき売ったマンガはのちに買い直した）。中高生の頃は、夜中にこっそり店にある週刊誌のエロ記事やエログラビアを見るのが楽しみだったことも告白しておく。

もちろん今でも新聞、雑誌、マンガが置いてある店はある。なかでも近年、チェーン店なのにマンガに力を入れているのが「ココイチ」ことカレーハウスＣｏＣｏ壱番屋だ。「ITmediaビジネスオンライン」の記事（２０１６年9月14日配信「長浜淳之介のトレンドアンテナ」）によれば、ココイチは２０１０年頃から店舗の快適性向上を目的にマンガ棚を設置し、順次拡充しているという。店舗にもよるが、郊外の広い店なら４０００冊ほども置いているらしい。

そういえば下北沢にあったココイチにもマンガ棚があった。ビルの建て替えで閉店してしまったが、『ワンピース』などの大ヒット作に交じって、妻（漫画家の松田奈緒子）が下北沢を舞台に描いた（けどあまり売れなかった）『東北沢５号』も置いてあって目頭が熱くなったのを覚えている。注文したらわりとすぐに出てくるココイチでマンガとか読む時間ある？　とは思うが、店側がそういう方針なら食後にコーヒーでも飲みながら、じっくり読んでもいいのだろう。

そして、飲食店が客に提供するもうひとつの付加価値的サービスがテレビである。スマホやインターネットがなかった時代、テレビは娯楽の王様だった。高級レストランなどを別にすれば、町の飲食店にはテレビがあるのが普通。いや、新聞・雑誌・マンガ同様、今でもテレビのある店は結構多いが、昭和の時代は注目度が違った。

ウチの店でも、店内奥の角っこの高い位置に、当時としてはまあまあ大型なテレビが鎮座していた。背を向けた席の場合は振り返る必要があるが、基本的にどのテーブルからでも見える配置だ。２階の住居部分にもテレビはあったので、店のテレビで何かを見るということはほとんどなかったが、いかにも昭和な光景が脳裏に刻まれている。

夏休みも後半の昼下がり。プールか何かから帰ってきたら、店の様子がいつもと違う。何人かの客が立ち上がって一方向を見つめているのだ。後方には出前持ちのにいちゃんなんかもいる。みんなの視線の先にはテレビ。高校野球の決勝だか準決勝だかで人気校同士の白熱した試合が展開されていたのである。

まるでニュース映像などで見る街頭テレビのようだった。今ならスポーツバーで飲みながらみんなで大画面で観戦して盛り上がるというスタイルもあるが、そういう観戦目的で集まるのとは違って、たまたまメシを食ってた人が釘付けになるというのがすごい。そのレベルほどは盛り上がらないまでも、プロ野球とか大相撲をメシを食うのも忘れて見入っている客の姿を見かけたことは何度かある。

令和の今、そこまで熱心にテレビを見る人はあまりいない。が、近所の家族経営のそば屋では、忙しいランチタイム以外は客よりむしろ店の人たちがバラエティ番組を楽しそうに見ている。同じく近所のカウンターのみの洋食屋では、客席に向けたテレビの前に鏡を設置し、厨房の側にいる女将さんが画面を見られるようにしている。ランチタイムには行列ができる人気店で、食べたらすぐ出るしかないので誰もテレビなど見ていない。つまり、テレビは女将さんのためにあるわけで、もう向きを変えればいいのにと思うが、そうなるとテレビを設置する大義名分がなくなるということなのか、そのスタイルを堅持している。

個人的にはテレビはもうほとんど見ない。子供の頃はアホほど見てたし、学生時代から就職してフリーになってからも、家にいるときは何となくテレビをつけていたが、結婚して自宅と仕事場を分けてからは（仕事場にテレビがないので）さっぱり見なくなった。それでも金曜深夜の『タモリ倶楽部』だけはちょこちょこ見ていたけれど、同番組が終わった今、阪神戦以外ほぼ見ない（それもリアルタイムではネットで戦況確認するだけで録画を見るのみ）。

しかし、ちょうどテレビを見なくなった時期のある日、某編集部からの帰りに立ち寄った恵比寿のバーでの体験は妙に心に残っている。今から20年ほど前、まだスマホがなかった頃だ。若者向けで地下にダンスフロアもあるようなＤＪバーの１階カウンターで飲んでいた。朝方までやってるので校了日などにちょいちょい飲みに行ってた店である。

普段はミュージックビデオが流れているモニターに、その日はアテネ五輪の開会式が映し出されていた。今調べたら、日本時間午前2時45分スタートだったらしく、そこまで深夜じゃなかった気もするが、飲んでるうちにそんな時間になったのかもしれない。

オリンピック自体にさほど興味はない（特に近年の利権汚染五輪はもうやめればいいのにと思う）けれど、ほろ酔い気分でボーッと眺める。いろんな国の選手団がそれぞれの国旗を掲げて入場してくる。競技じゃないので、緊張感もなくのんびりした感じ。バーテンダーのにいちゃんも、グラスを磨いたりしながらチラチラ画面を見ている。特にこれといった会話をするわけではないが、そこには一人でスマホを見ているのとは違う空気があった。あれはなかなか良い時間だったなと、今もときどき思い出す。

16品目 Gに気をつけろ！

あー
お腹すいたー
よかったらどうぞー
これおいしいねー
ねー

さて、今回は憎っくきGの話である。読売ジャイアンツのことではなく、「1匹いたら100匹いる」と言われる例のアレだ。アレのことなど想像したくもないという方やお食事中の方はパスしてもらったほうがいいかも。私だって本当は書きたくないのだが、飲食店について書く以上、Gの話は避けて通れないのである。

……いいですか？　始めますよ？

……本当にいいですか？　ページを閉じるなら今のうちですよ？

はい、では始めます。

飲食店にとってG、すなわちゴキブリ（ここからは実名表記）は大敵だ。病原菌を媒介する、フンや死骸がアレルゲンになるなど衛生面の問題もあるが、何よりもイメージが悪い。どんなにオシャレな店でもゴキブリが出たら一発で台無し。いや、オシャレであればあるほど、ダメージは大きいかもしれない。

以前、夫婦で晩メシを食べていた近所の人気ビストロで、突然「キャーッ」と女性の悲鳴が上がった。悲鳴と同時にガタガタッと椅子から立ち上がる女性。もともと狭いうえに混雑した店内に何事かと緊迫感が走る。お店の人が駆け付けてテーブルの下を覗き込む。「そっちそっち！」と指さすお客さん、手にしたホウキで床をバシバシ叩く店の人……。あー、ゴキが出たんだな、と察する私。しかし、ターゲットは逃走したらしく、「お騒がせしました―」という店長の言葉で一応事態は収拾したものの、「どこかにヤツがいる……」というどうにも落ち着かない空気は拭い去れないのであった。

こうなるともう、食事を楽しむどころじゃない。せっかくのオシャレビストロに場末感が充満する。悲鳴を上げた女性が一見客なら、料理やスタッフの印象より「ゴキブリの出た店」としてインプットされてしまったに違いない。

しかし、飲食店にゴキブリは付きものだ。どんなに掃除をしていても、あの手この手で駆除しても、食品を扱っている限りヤツらはやってくる。何しろ2億5000万年前から現在に至るまで生き残っているのだから、ある意味、地上最強の生物だ。たかだか20万年程度の歴史しか持たない人類ごときが太刀打ちできる相手ではないのである。

ただ、できれば目につくところに出てこないでほしい——というのは、飲食店経営者だけでなく、全人類の願いだろう。ヤツらだって人間に見つかれば殺されるリスクがあるのだから、ひっそり物陰に隠れて暮らしていてくれればウィン-ウィンの関係が築ける。にもかかわらず、チョロチョロ顔を出すから戦争が起こる。世界平和への道のりは遠い。

まだ社員編集者だった頃、先輩と一緒に新大久保のとんかつ屋に昼メシを食いに行ったら、先輩の小鉢に小さなゴキブリが入っていたことがあった。ランチタイムの小鉢はあらかじめ盛りつけたものが並べて置いてあるので、ヤツらからすれば入り放題。オシャレでも高級でもない店だし、まあ、そういうこともあろう。あんまり激怒してクレーマーみたいになるのも大人げない。が、そこで先輩が「すみませーん、これ、虫入ってるんですけど」と申告したときの店のおばちゃんの対応がすごかった。

「あら〜、ちっちゃいの入ってたわねえ」

……………って、えっ、それで終わり？　いやいや、別にタダにしろとか土下座しろとかは言わないけど、とりあえず新しいのに交換じゃないの？　ちっちゃかったらいいってもんじゃないでしょう。

人のいい先輩はあまりのことに呆然と黙していたが、さすがにそれは黙っていられない。

「つーか、取り替えてもらえます？」と強めに言って替えてもらったが、あの「え、それが何か？」という態度はいっそ清々しかった。おばちゃんにとってはゴキブリなんて日常茶飯事、騒ぐほどのことでもないのだろう。

と、他人事のように書いたけれど、ウチの店にもゴキブリは普通にいた。１階が店舗で2階、３階が従業員の更衣室と物置＆我々家族の住居という構造で、食料の多い１階がヤツらの本拠地だったと思われるが、２、３階の居住スペースにもちょいちょい姿を見せていた。多く見かけたのは小さめのチャバネゴキブリで、それはさほど脅威ではない。スピードも大したことないのでティッシュで捕獲、殺処分可能。

恐ろしいのはデカくて黒いクロゴキブリだ。あのテラテラした黒光りのルックスがキモいうえにスピードも速く、しかも飛ぶ。天井や壁にたたずむヤツに攻撃を仕掛けたら、顔に向かって飛んできたという恐怖体験をお持ちの方も多いはず。今はいろんなタイプの駆除用製品があるが、昔はスプレー殺虫剤ぐらいしかなかったので、機動力のある敵には苦戦を強いられた。

そしてもうひとつ、飲食店と切っても切れない関係なのがネズミである。今でも夜に繁華街を歩いていると道端をネズミが走っているのを見かけることがあるが、昭和の我が家でも天井裏をよくネズミが走り回っていた。洗面所の石鹸がかじられていることもしばしば（あれは栄養になるのか？）。一般家庭にもネズミはいたと思うが、ウチはさらに多かったと推測される。

ゴキブリに比べればネズミはかわいいと言ってもいい。同じ齧歯類のハムスターやリスはペットになるぐらいだし、ネズミだってちょっと毛の色が違えばペットの座に就けたかもしれない。実際、大学時代に心理学科で実験用に飼っていた白いマウスは、ほぼペットであった（自分の担当マウスには好きに名前をつけるのだが、毎年必ず「アルジャーノン」とつける輩がいた）。

とはいえ、飲食店においてはそうも言っていられない。ネズミ捕りを仕掛け、捕まったヤツは死刑である。ウチではネズミ捕りのカゴごとバケツの水に沈めていた。金網にしがみついて苦しげに鼻をピクピクさせてる姿を子供心にかわいそうとは思ったが、助けるわけにもいかない。

すごかったのはウチの母だ。ある日、2階の廊下を白昼堂々ネズミが走っていた。そこに居合わせた母が手に持っていた濡れ雑巾をネズミめがけて投げたら見事に命中。雑巾の下敷きになって動きが止まったところにすかさず駆け寄った母は、思いっきり足で踏んづけたのである。「母は強し」とは、こういうことか（たぶん違う）。

ネズミといえば、あるとき3階の物置にハエが大量発生して、なんでかと思ったら棚の奥でネズミが死んでてそれが元凶だった――ということもあった。なぜかは知らねどデカいほうのゴキブリが集団で現れたこともある。

外食エッセイなのに食欲をなくすようなネタ連発で恐縮だが、飲食店がそういう敵とも戦わねばならないのは事実。今後どこかの店でゴキブリに遭遇したら、ゴキブリは叩いてもお店のことは叩かないでください。まあ、同じ店で二度三度と遭遇するようなら、それはちょっとどうかとは思うけど。

第2章

私が通りすぎた店

17品目 あの素晴らしい寿司屋をもう一度

一口に「外食」と言っても、いろんなシチュエーションがある。子供の頃に親に連れていかれたデパートの大食堂。夜遅く仕事帰りに一人で入る牛丼屋。ここぞというデートや記念日に予約して行ったレストラン。気の置けない仲間と行く居酒屋。たまの贅沢のカウンターの寿司屋。出先でたまたま入った定食屋。近所の馴染みの中華屋や焼き鳥屋……。

初めての土地でもチェーン店なら日常の味だし、近所の店でも新規開店のちょっと高級っぽい店なら非日常だ。数年前に近所にオープンした寿司屋は開店準備中に店頭に貼られていたチラシによれば

「コースのみ　お一人様2万5000円〜」で、予想をはるかに超えた高級っぷりに白目をむきつつも一度はチャレンジしてみるかと様子をうかがってるうちにコロナ禍に突入し、まだ入ったことがない。

　銀座じゃあるまいし、そんな強気の価格設定で、ましてやコロナ禍ではすぐつぶれるだろうと思いきや、今も健在なのでよほどおいしいのかもしれない。コロナが収束したら何か特別な日に行ってみたいが、それだけ払って「普通においしい」程度だったらちょっと困る。銀座・数寄屋橋の超有名店も、正直大したことなくてガッカリした。寿司じゃなくて客のほうがベルトコンベアに乗せられているかのようなシステムにも呆れた。出版社のおごりだったので愛想笑いを浮かべながら静かに食べたが、自腹だったら嫌みのひとつも言っていたかもしれない。

　その点、非日常の一見の店で最高だったのが、大阪・梅田の某寿司屋である。「某」と書いたのは、別にボカしたいわけでなく、店名を覚えていないのだ。高校までは大阪で暮らしていた私だが、高校生の行動範囲なんてたかが知れている。一人で外食は普通にしていたものの、今と違って回転寿司などない時代。金銭的にも雰囲気的にもさすがに寿司屋の敷居は高かった。したがって、その店に入ったのは大人になってから。というか、結婚してからの話である。

2005年、岡田彰布監督率いる阪神タイガースが優勝した年に我々は入籍した。妻はもともと野球に興味はなかったが、私を含めた阪神ファンの生態には興味が湧いたらしく、毎年2回ぐらいは甲子園での野球観戦に付き合ってくれるようになった。

そして、ある年のこと。せっかくチケットを取り、ホテルも予約し、新幹線に乗って勇躍大阪に乗り込んだにもかかわらず、試合は雨天中止になってしまった。我らが阪神タイガースも天気には勝てないのでしょうがない。やむなくホテルで一服してから、せめて晩メシを楽しもうということで、梅田の街に繰り出した。

鶴橋の焼き肉もいいなと思ったが、雨も降ってるし近場で済ませたい気持ちもあり、アーケードのある阪急東通り商店街をブラブラしつつよさげな店を探す。甲子園に行ってればビールに名物の焼き鳥をキメてるはず。ということで、とりあえず目についた串焼き屋に入ったのだが、可もなく不可もなく〝普通〟であった。時間もまだ早いし、この店でフィニッシュするのはつまらないという話になり、そこそこに切り上げ探索を続ける。

そこで見つけたのが、某寿司屋だった。三叉路の角地のような場所にあり、のれんの隙間から見える三角のカウンターは立ち飲み屋のような風情。この店構えで寿司⁉　と思ったが、地元で愛されている店特有のオーラを感じて入ってみた。

「へらっしぇー（訳：へい、いらっしゃい）」という威勢のいい声に迎えられ、カウンターの席に着く。一応メニュー的なものはあった気がするが、面食らったのは注文後だ。注文すると、目の前のカウンターにプラスチックのプレートが置かれる。何と説明していいのかわからないが、コインロッカーのカギに付いてるような、端っこに穴の開いた小判型のプレートだ。「これは……？」と聞いたら、「あー、そこに差しといてー」とのことで、ふと見れば席ごとに伝票差しが置いてある。要は（タッチパネル普及以前の）回転寿司における皿のように、プレートの色と枚数で会計をするシステムなのだった。

明らかに一見客な我々に対し、最初は板前さんも「どちらから？」みたいな手探りな感じだったのが、「東京からですー。ゆうても、もともと大阪で。今日は甲子園行くはずやったんスけど、中止んなってもうてー」「そら残念やったねー。まあ、阪神もここんとこアレやけど、大阪のどこなん？」「実家は梅田っちゅうか堂島の食堂なんスよ。今はもう閉めてもうたんですけど」とか言ってるうちに、どんどん馴染んでくる。普段は大阪弁をしゃべることはあまりないが、いざとなったらネイティブにしゃべることはできるのだ（たぶん今の若い人とは違う昭和の大阪弁ではあるが）。

ひらめ、真鯛、たこ、赤貝、あじ、中トロ、穴子あたりを食べただろうか。ネタもシャリも小ぶりで、中年にはありがたい。味は、旅先フィルターを差し引いてもおいしかったし、高級店とは違った意味で素材を生かす仕事ぶりが好ましかった。お酒はもちろん日本酒を飲んだが、店も客も銘柄とかどうでもいい感じで、その適当さがちょうどいい。値段も（そんなに量を食べてないとはいえ）「こんなんでいいんスか⁉」というレベル。大満足でホテルに戻った我々であった。

それから何度も甲子園には行っているが、その店に行くことはなかった。試合が長引いて阪神梅田駅近くの「ぶらり横丁」（今はもうない）でサクッと飲んで済ませたり、前泊で鶴橋の焼き肉を堪能して翌日のデーゲームを見てそのまま東京に帰ったり、梅田ではなく神戸・三宮に泊まることもあって、なかなか東通り商店街の奥に足を運ぶ機会がなかったのだ。そもそも場所がどこだったかも正確には覚えていない。

そこにコロナ禍がやってきた。近所の外食すらままならないなか、「東京から甲子園に野球を見に行く」なんてことは、とてもじゃないができなくなった。年に1回ぐらいは行っていた温泉旅行にも行けず、映画や芝居やコンサートにもなかなか行きづらい。そうなると、夫婦の話題に上るのは過去の楽しかった思い出だ。

「伊豆のあの旅館のごはんはおいしかったねえ。お風呂もよかったし」

「能登のカニもすごかったよね。旅館の目の前の崖が崩れてたのもすごかったけど（笑）」

そんな話をしながら、ふと思い出したのが例の寿司屋だった。「あの店、面白かったしおいしかったよね」「また行きたいね」と言いつつ、いろいろ検索してみたが見つからない。店名がわからないので、「梅田」「寿司」「プレート」などのワードで検索したり、Googleマップで「このへんだったはず」という場所を調べたりするも、それらしき店が出てこない。

あれは幻だったのか？　いや、そんなはずはない。調べ方が悪いのか、場所を記憶違いしているのか、すでに閉店してしまったのか。にしても、こんなに特徴的な店なのだから、何かしらの情報が出てきてもよさそうなものだが……。

ここまで読んで「ああ、あの店ね」とピンとくる人もきっといるはず。コロナが収束したらぜひもう一度行ってみたいので、店名その他、心当たりの情報ありましたら、編集部までご一報のほどお願いします。

18品目 気まぐれすぎる女将

たまに行く近所のピザ屋はなかなかの人気店で、いつもほぼ満席だ。それもそのはず、自分が今まで食べたピザ史上ベスト3に入るぐらいおいしいと思うし、サイドメニューもおいしい。ピザは「本日のおすすめ」から2種類選んでハーフ&ハーフにしてもらうことが多い。サイドメニューは、あまりボリュームあるものを頼むとピザが食べられなくなるので、「肉詰めグリーンオリーブのフリット」などの軽いものと、サラダを頼むのが定番パターン。そこで、気になりつつも頼んだことがないのが「シェフの気まぐれサラダ」である。

イタリアン系の店ではわりとよく見かけるメニューだが、どの店でも今まで頼んだことがない。なぜなら、まず「シェフの気まぐれサラダください」と声に出して注文するのが少々気恥ずかしい。そして、どんなサラダが出てくるかわからないのも不安。仮にキャベツの千切りだけ山盛り出されても、「シェフの気まぐれですから」と言われたら、黙ってモシャモシャ食うしかないではないか。

まあ、よっぽど変な店じゃない限り、現実的には季節や入荷の状況に合わせて使う素材が変わるだけで、ちゃんとしたサラダが出てくるのだろう。だったら「シェフの気まぐれサラダ」じゃなくて「季節の野菜のサラダ」とか「本日のサラダ」とかにしておいてくれたほうが頼みやすいと思うのだが、いったいどこからそんなネーミングが出てきたのか。

ちょっと検索してみたら、イタリアンレストランチェーン「カプリチョーザ」が、店名を訳した「気まぐれ」をメニュー名に取り入れたのが元祖という説があった。真偽のほどは定かでないが、1978年創業というから、日本のイタリア料理店としては老舗と言っていいだろう。そこから「気まぐれ」メニューが広がった可能性はありそうだ。

しかし、そんな「気まぐれ」メニューより、もっと気まぐれな店が世の中にはある。ウチの近所で、駅からはやや遠いが、そこそこ交通量の多い道路沿いに、いわゆる〝隠れ家〟的な店が点在する界隈。芸能人御用達の焼き肉屋や小洒落たワインバー、高級中華に若者向け焼き鳥屋など、店の種類もバラエティに富んでいる。そんななか、特にオシャレでもない古い建物の2階にひっそりとたたずむ小さな飲み屋が今回の舞台である。

なぜそこに入ろうとしたのか記憶がないが、結婚して間もなく近所の店を精力的に新規開拓していた時期だったので、その流れで入ってみたのだと思う。扉を開けると、カウンターの向こうから女将さんが「いらっしゃーい」と、一見客の我々夫婦も愛想よく迎えてくれた。とりあえずビールを頼んでから、表の階段下の黒板に「今日のオススメ」と書かれていた豚の角煮を注文すると、なぜか「う〜ん、牛スジじゃダメ？」と聞いてくる女将。いや、オススメって書いてあるから頼んだんですけど……。なら、ほかのものをと、メニューにあったマグロの刺身を注文したら、「魚がいいの？　今日は牛スジがおいしいんだけどな〜」と、あくまで牛スジを出したいらしい。仕方なく「じゃ、牛スジで」ということで出された牛スジ煮込みは良くも悪くも家庭的な味だったが、そこまで推すならこれを「今日のオススメ」に書けばいいのに、とは思った。

さらに女将は「今日はルッコラのいいのが入ったのよ。サラダにするといいわよ〜」と猛プッシュ。有無を言わさぬ笑顔に押され、「じゃ、それで」と頼むと山盛りのグリーンサラダが現れた。が、肝心のルッコラは見当たらず。「あら、ルッコラじゃなくてセロリだったわ〜」って、これぞまさしくシェフの気まぐれサラダである。

メニューには一応いろいろ書いてあるものの、何を注文しても「こっちのほうがいいわよ」と、女将の出したいものを出すスタイル。「勝手に注文してくれりゃあ、できるもんなら作るよ」というマンガ『深夜食堂』(作：安倍夜郎)のマスターとは正反対だ。店主一人で切り盛りしているような店でメニューなしで基本お任せというのはときどきあるが、メニューがあるのにまったく注文を聞いてもらえない店というのは珍しいのではないか。

最初は面食らったが、だんだんちょっと面白くなってきた。牛スジ、サラダ、シシャモ、だし巻き玉子あたりを食べただろうか。と、そこに新たな客がご来店。この店にはあまり似つかわしくない若いカップルだ。おっかなびっくりの態度からして、うっかり迷い込んできたものと思われる。普通の物販店と違って飲食店の場合、一度扉を開けて足を踏み入れたら、なかなか引き返すのは難しい。ましてや、女将に「いらっしゃーい。あーら、お若い方、ハイ、そこ座って座ってー」と言われたら、拒否権発動はできない。

席に着き、とりあえずビールを頼んだ2人に、「お腹空いてる?」と女将が聞く。男の子が「ええ、まあ……」と答えると、「今日はね、牛スジがおいしいのよ〜」って、あくまで牛スジ推しなのか。「あ、じゃあそれで」と言う男の子に追い討ちをかけるように「あと、お野菜も食べなきゃ。ルッコラのいいのが入ってるの」って、それセロリでしたよね?

思わず飲んでた焼酎ロックを噴きそうになったが、とにかくそんな調子で主導権を握り続ける女将。我々夫婦にとっては面白ネタになったからいいようなものの、若いカップルには試練だったかもしれない。とはいえ、慣れてしまえば女将のリードに身をゆだねるのも楽しいのだろう。ネットの口コミを見てみたら、「気さくな女将の接客」が好評だった。我々とカップルのほかにカウンターの端っこで飲んでる常連風のおじさんがいたが、女将とちょこちょこ会話しながらゴキゲンで飲んでいた。

それにしても気になるのはあのカップルのその後である。我々は先に帰ってしまったが、あれからどうなったのか。デートで選ぶような店じゃないし、そもそもなぜあの店に入ってしまったのか。近隣のオシャレ店に予約なしで行って満席で入れなかったとか？　だとしたら、あまりにも痛恨。ここぞという場面では、やはり予約しといたほうがいいと思います。

19品目 選択肢のない店

今でこそ豚丼や焼肉定食、期間限定で親子丼なんかもあったりする吉野家だが、昔は「♪牛丼一筋80年〜」のCMソングどおり牛丼オンリーの店だった。牛皿は昔からあったと思うけど、あれは単に牛丼からごはんを抜いただけなので同一メニューとみなしてよかろう。味噌汁、玉子、お新香を付けるかどうかを別にすれば、基本は牛丼一択だった。

チェーン店ではなく個人店でも「ウチはこれ一品でやってます」という店はある。行ったことはないけど有名な「亀戸餃子本店」は餃子、渋谷の「瑞兆」はカツ丼オンリーだ。神戸・南京町の「老祥記」は、豚まん一筋で１００年以上。こちらは数年前に行ったことがあるが、もちもちした皮に肉汁あふれる餡が詰まった小ぶりの豚まんはバカうまで、行列ができるのもうなずける。一応イートインスペースはあるものの、ほとんどが持ち帰りの客。小ぶりとはいえ、多くの客が20個とか30個とか平気で買っていくからすごい。

そういう店はメニュー選びで迷う時間がないのに加え、店側は同じものをひたすら作るだけなので、たいていの場合、料理が出てくるのも早い。それにしても早すぎだろうと驚いたのは、東京・駒沢公園の近くにある牛煮込みオンリーの店である。カウンターのみの小さな店だが、店に入って椅子に座ったかどうかというタイミングで、もう目の前に煮込みを盛った皿が置かれているのだ。

何しろメニューはそれしかないので、注文を聞く必要もない。あとは、ごはんの大・並・小を選ぶだけ。並と小で迷ったが、小にして正解。小でも一般的な定食屋の普通盛りぐらいの量がある。並だったら食べ切れなかったかもしれない。ほかの客もいたが、ごはんの量を指定する以外に声を出す必要がないし、お酒も置いてないので二人組とかでも会話はほぼなし。妙にストイックな空間になっていた。

肝心の煮込みは、たっぷりの牛肉に豆腐とコンニャク、煮込まれて形のなくなったネギらしきもの……といった感じで、すべてが渾然一体となったまろやかな味わいが胃に沁みる。煮汁も皿からこぼれんばかりにたっぷり（実際こぼれがち）で、レンゲかスプーンが欲しいところだ。

もう一軒、単品メニューの店で記憶に残っているのは、東京・白金高輪のカレー屋である。メニューはカレーライスのみ。「英国風ビーフカレー」と謳っているが、ビーフ的な肉感は一切なし。煮込んだルーを裏ごししてるとかで、サラサラのルーに固形物はない。味の好みは人それぞれだが、食感としても具がまったくないのはちょっと物足りなくはある。店頭に「お水はいっさい出しません」と明記してあるとおり、水は出ない。それは了解済みで入店しているので別にいいが、店内の意識高い系の注意書きはちょっと面倒くさい。

その二つの店は、どちらも駅前通りとかではなく、たまたま入るという立地ではない。煮込みの店は、近隣に住む知り合いに「面白い店がある」と教えてもらって行った。カレーの店は、クルマで仕事先の編集部に通う途中でいつも前を通って気になっていた。それで機会を見計らってわざわざ行ったので、多少微妙なところがあっても納得できる。が、そうじゃない場合も時にはある。


つい先日、午後イチの取材が終わって、さて昼メシ食って帰ろうかという、よくあるといえばよくあるシチュエーション。そこそこ土地勘のある場所で、知ってる店も何軒かある。とはいえ、コロナ禍を経てしばらくぶりでもあり、店の入れ替わりも激しく、ちょっと戸惑いもあった。ずいぶん昔（それこそ30年ぐらい前）に取材したオムライスが人気の洋食店が健在で、久しぶりに入ってみるかとも思ったが、結構ボリューミーなのを思い出して「今は無理かな」と思う。店頭のメニューの貼り紙がにぎやかな中華屋やオシャレな肉バル的な店にも惹かれたが、やはり量が多そうで二の足を踏む。

ここは無難に以前にも入ったことのある老舗のそば屋にしようかな……と思いつつ周辺を徘徊していたら、雑居ビルの入り口に定食屋の看板を発見。米にこだわりのある店らしく、店名も米がらみでごはんおかわり自由とのこと。入り口の看板に書かれたその日のランチメニューはサバ味噌、冷やし豚しゃぶ、よだれ鶏の3種類だった。

お、サバ味噌いいねえ。肉もいいけど魚もいい。若い頃から魚好きではあったけど、年を取ってますます肉より魚を選びがちだ。よし、ここに決めたとエレベーターで4階に上がり、案内看板に従って扉を開けると、そこはどう見てもカフェバー的な内装で、定食屋の雰囲気ではない。ビルの入居者表示板にも別の店名が書いてあったので、最近よくあるランチタイムだけ間借りしているパターンなのだろう。まあ、料理がうまければそれでいい。オーダーを取りに来た店主（ほかにスタッフはいなかったので店主だろう）に「サバ味噌で」と告げようとしたそのとき、事件は起こった。

「すみません、今日は上の2つが終わってて」と店主がメニューを指し示す。上の2つとは「サバ味噌定食」と「冷やし豚しゃぶ定食」。え、ちょっと待って。3種類のうち2つが終わってるってことは、よだれ鶏一択じゃないですか。いや、よだれ鶏も別に嫌いじゃないけど、完全に気分はサバ味噌だったんだがなあ……。

だからといって、そこで「あー、今日はサバ味噌食べたかったんで、またにします」と店を出ていくのもなかなか勇気がいる。別に店の人は気にしないかもしれないが、こっちがちょっと申し訳ない気持ちになる。「あー、じゃあ、よだれ鶏で」と注文するまでもない注文をし、後ろからひざカックンされたような気分で食べたよだれ鶏はそれなりにおいしかったが、頭の片隅にはサバ味噌が浮かんだままだった。

数日後、近所の行きつけの定食屋に入った。狙いはもちろんサバ味噌だ。メニューには「本日のお魚定食は黒板をごらんください」と書いてあるが、だいたいサバ塩、サバ味噌、ブリ照り、ほっけ塩焼きが定番である。ところがその日の黒板には、サバ塩、ブリ照り、ほっけ塩焼きの3つしかない。そして、サバ塩とブリ照りの間に何かが消されたような空白が……。ああ、サバ味噌よ、ここでも売り切れてしまったのか？

しょうがないのでブリ照りを食べたけど、魚は魚だから、よだれ鶏より違和感はない。前述の店も売り切れなら売り切れで入り口の看板の「サバ味噌」と「冷やし豚しゃぶ」を消しといてくれればよかったのに。それなら「別の店にする」という選択肢もあったし、たぶんそうした。単品メニューの店とわかって入る分にはいいが、入ってみたら単品だったというのはつらい。職業もメニューも選択の自由は大事である。

20 品目　日本一大きいビアガーデン

　2022年シーズンの我らが阪神タイガースは、開幕9連敗という最悪のスタートを切った。10試合目でようやく勝って、そこからまた引き分けを挟んで6連敗。17試合を終わって1勝15敗1分、勝率0割6分7厘という未曽有の大記録を樹立した。ファンとしては当然ストレスの溜まる日々であったが、あそこまでいくと逆にちょっと面白くなってきたりもする。何でも一番になるというのは立派なことだ。球史に残る記録をリアルタイムで目撃したと思えば、むしろ喜んでもいいぐらい。何ならロッテの18連敗も抜いちゃえ、という邪な気持ちがちらっと

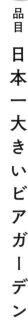

よぎったのも事実である。

とはいえ、負けるより勝ったほうがいいことは言うまでもない。徐々に戦う形が整ってきた我らが阪神タイガースは、パ・リーグとの交流戦で6つの勝ち越し。最大16あった借金を6まで減らし、最下位からも脱出した。こうなると、久しぶりに甲子園球場に行きたくなってくる。前述のとおり、毎年2回ぐらいは夫婦で現地観戦していたが、2020年以降は新型コロナのおかげで行けなかった。そもそも無観客開催だった時期もある。神宮や東京ドームなら行けなくもなかったが、気分的にイマイチ行く気がしなかった。

ただ野球を見るだけなら、テレビやネット配信のほうがリプレイやスローもあるし、選手の表情やベンチリポートなど細かい情報を得られる。それでも球場に行く理由は何かといえば、第一に現場の雰囲気を味わうため。そして、それに優るとも劣らず重要なのが、スタンドで飲むビールである。コロナ禍で酒類販売自粛の状況では（少なくとも私にとっては）わざわざ球場まで足を運ぶ意味がない。それぐらい球場で飲むビールは格別なのだ。それもドーム球場ではダメ。やはり、遮るもののない空の下で飲みたい。

その点、甲子園は最高だ。通路からスタンドに出たときの開放感。周りに高い建物がないので空が広い。甲子園名物の浜風に吹かれながら、少しずつ暮れていく空と対照的に明るさを増していく照明灯の下で飲むビールの味は何物にも代えがたい。つまみは、これまた甲子園名物のジャンボ焼鳥。甘辛いタレで味付けされたやわらかい鶏肉はビールとの相性バツグンだ。それと豚串、イカ下足串の3本が我々夫婦の定番晩酌セット。売店では、焼きたてを大きな紙コップに入れて渡してくれる。

　まさに〝日本一大きいビアガーデン〟。生ビールのタンクを背負ったおねえさんが、わざわざ席まで売りに来てくれるのもうれしい。しかも、グラウンドでは我らが阪神タイガースの選手たちによる勇壮なアトラクションが展開されているのだから、こんな楽しい場所はほかにない。そのうえ、面白い試合で勝ってくれれば言うことなしだ。

　ただし、このビアガーデンには難点もある。基本的に座席間隔が狭いので、真ん中のほうの席だとトイレに行くのが一苦労。通路までの間の席の人に立ってもらわないといけなくて気を遣う。トイレにたどり着いたら着いたで結構並んでいることも多い。調子に乗って何杯もビールを飲んで何度もトイレに行くのはなるべく避けたい。

　もうひとつの問題は、試合に熱中するあまり、ビールや食べ物をこぼしてしまう危険があるということだ。我らが阪神タイガースの選手が逆転タイムリーヒットを放った瞬間に、思わずバンザイして持ってたビールをぶちまけた――なんてのは、よくある（?）話。ビールならまだいいが、私の場合、もっと悲惨な事案を発生させたことがある。

　あれは2003年7月18日。この年、我らが阪神タイガースは、18年ぶりの優勝に向けて快進撃を続けていた。開幕戦こそ敗れたものの、その後は驚異的なペースで勝ち星を重ね、すでに7月9日にマジック49が点灯していた。オールスター戦明けの初戦となったこの日の試合前の時点で57勝22敗1分（M46）。

たまたま取材で関西に来ていただけで、もともと観戦予定があったわけではない。午後4時頃に取材が終わり、そのまま帰ろうかと思ったが、ふと「今日、甲子園で試合あるじゃん！」と気がついたのだ。チケットがあるかどうかわからなかったが、とりあえず行ってみたら、アルプススタンドの上のほうの席が取れた。優勝が近づいてくると、連日ほぼ満員札止めだった記憶があるが、このときは平日でもあり、まだ当日券があったのだ。

席に着いたら、まずビール。うー、五臓六腑に染み渡るとは、このことだ。阪神の先発は藪恵壹。対する広島は長谷川昌幸の先発で試合が始まった。初回、広島の四番・シーツのタイムリーでいきなり失点。が、その裏、今岡誠（現・真訪）の先頭打者ホームランですぐさま同点に追いつく。さらに2回裏には矢野輝弘（現・燿大）のツーランで2点勝ち越し。今年（２００３年）の阪神は本当に強い。と思いきや、直後の3回表にシーツにソロホームランを打たれて1点差に迫られる。そして事件は5回表に起こった。

二死無走者から、なんとまたしてもシーツにホームランを打たれたのだ。打球の行方を追った私は思わず腰を浮かす。その瞬間、太ももに何やら熱いものを感じた。「熱っ！」と下を向いた私の目に映ったのは、ズボンの上に滴り落ちた茶色い液体……。そう、中腰になった際に、手に持っていた甲子園名物のカレーの器を傾けてしまい、ルーを自分の太ももにぶちまけてしまったのだった。
　前の席の人にぶっかけなかっただけまだマシだが、何しろカレーである。あわててトイレに駆け込んで濡らしたハンカチで拭き取ったものの、ズボンに茶色い染みは残っている。その状態でトイレから出てきた私は、完全に〝ウンコ漏らした人〟にしか見えなかっただろう。味方のホームランならまだしも相手のホームランでこんなことになってしまうとは、情けなさ倍増。真夏のことゆえわりとすぐに乾いたが、終電の時間もあったので、試合終了を待たずに球場を出た。染みの付いたズボンで新幹線に乗って東京に帰る道のりの長かったことといったらない。

　試合は結局、8回裏の桧山進次郎のホームランで4対3の勝利、マジックを45とした。その後、8月に少々足踏みしたものの、9月15日の甲子園のデーゲームで劇的なサヨナラ勝ちを収め、マジック1とする。それから約2時間後、マジック対象のヤクルトが負けて、我らが阪神タイガースの優勝が決定した。甲子園に居残った大勢のタイガースファンの歓喜の渦の中に私もいた。あの日、〝セ界一〟のビアガーデンで飲んだビールほどうまいビールは、後にも先にもない。

21 品目 カニ・マイ・ラブ

日本人はカニが好きだ。いきなり主語がデカくて恐縮だが、甲殻類アレルギーとか身をほじくり出すのが面倒くさいとかいう理由を別にすれば、カニが嫌いな人はあまりいないのではないか。かのPUFFYだって「カニ食べ行こう〜」と歌ってるぐらいである。北陸新幹線を運行するJR東日本は「かにを食べに北陸へ。」キャンペーンを展開しているし、各旅行会社も「かに旅行特集」「冬はかに！」「カニカニツアー特集」「かに旅行に行こう」とカニ推しがすごい。それだけ需要があるということだろう。

普通の旅行はまず目的地を決めて、そ

こで何を食べようかという話になるが、カニツアーはカニが目的だ。とある旅行会社のサイトを見ると「エリアから探す」のほかに「ブランドガニから探す」「カニの食べ方から選ぶ」なんて項目もあるほどで、カニさえ食べられれば行き先はどこでもいいのである。

かく言う私もカニは好きだ。今年（２０２２年）のズワイガニ漁解禁は11月６日。ボージョレ・ヌーヴォー解禁より、こっちのほうが重要である。知ってる人は知ってると思うけど、ズワイガニは地域によって呼び名が異なり、越前ガニ（福井県）、松葉ガニ（山陰地方）、加能ガニ（石川県）といった名前でブランド化されている。オスとメスでも呼び名が違い、メスは親ガニ、セイコガニ、香箱ガニなどと呼ばれるという。

子供の頃は、父が馴染みの魚屋から買ってきたか届けてもらったかしたズワイガニのメス（ウチではセコガニと呼んでいた）が２〜３杯、食卓に上ることがあった。すでにゆで上げられた状態で、それをバキバキ解体して食う。その解体作業に関して父は達人級で、実に手際よくバラしていく。私も子供ながら見様見真似でカニのバラし方、食べ方は身につけた。全日本カニ食い選手権に出場したら、地区予選ぐらいは突破できると思う。

セコガニは、内子（卵巣）と外子（卵）、みそも美味である。ただし、我が家では「カニの卵は子供には毒」と言われ、外子は父が独占していた。おかげで今も外子は食べたら死ぬような気がして食べられない。なぜか内子は食べてもＯＫだったので、昔も今も大好きだ。カニみそは見た目にちょっと抵抗があり、子供の頃は食べなかったが、酒飲みとなった今ではこれまた大好物である（以前にサハリンに取材に行ったとき、ロシアの人はカニの足だけ食べて胴体は捨てると聞いてアホかと思ったこともある）。

しかし、大学で東京に来てからは、ほとんど食べる機会がなかった。お金がなかったというのもあるし、おいしいカニを食べさせる店を知らなかったというのもある。社会人になってからお手頃価格のカニ料理チェーン店に入ったことはあるが、正直、自分の中の海原雄山が「こんなものはカニじゃない！」と暴れ出しそうな感じだった。一人暮らしで自炊もしていなかったので、カニを買ってきて家で食べるという発想もない。

そんなカニ不毛時代を過ごしていた私だったが、それでも記憶に残るカニはある。まだ20代半ばの頃、友人と北海道にバイクのツーリングに行った。夏とはいえ霧が出ていて気温も低く、体が冷えたところで休憩に立ち寄った土産物店。そこで、たまたま試食をやっていたゆで立ての花咲ガニが、この世のものとは思えぬくらいにうまかった。試食なので一口だけだが、肉汁というかカニ汁したたるプリプリの身のほっこりした味わいが冷えた体に染み渡る。シチュエーション込みで、あれに優るカニはない。

同じ頃、当時働いていた歌舞伎町の出版社の近くにあった韓国料理屋で初めて食べたケジャン（生のワタリガニをタレに漬け込んだもの）も衝撃だった。生のカニを食べたのも初めてで、とろけるような食感に絡みつく旨味と辛味がたまらない。残念ながら、その店はもう閉店してしまったが、その後、ほかの店で食べるケジャンとは一味違った。

今や50代も後半となって、缶詰やカニカマではない、ちゃんとしたカニをたまに食える程度のお金の余裕はある。とはいえ季節限定ものだし、ふと「今日、カニ食べよ」と思いついて食べる感じではない。お店で食べるにしてもカニ旅行に行くにしても、何日も前から計画が必要だ。その特別感＝非日常感もカニの魅力である。

近年で最高だったのは、赤坂にあるカニ料理専門店で食ったカニだ。大ぶりの立派な活けガニを目の前でさばいて、刺身、焼き、ゆでなど、それぞれ食べやすい状態で出してくれる。すべて板前さんがやってくれるので、必死でほじくったりしなくていい。殿様にでもなった気分で、ただ食べるだけである。もちろん味は文句なし。その分、お値段も殿様級だが、とある本の打ち上げで出版社のおごりだったので問題なし（のちに自腹でも行った）。

10年ほど前に妻と行った鳥取の温泉旅館もすごかった。ちょうど11月に仕事絡みのイベントが鳥取であって、「カニ解禁の季節じゃん！」というわけで、カニ自慢の宿を取ったのだ。鳥取空港（現・鳥取砂丘コナン空港）からレンタカーで到着した旅館は、外観が安っぽくてちょっと不安になったものの、部屋はきれい。肝心のカニは、さすが本場だけあって、とにかく新鮮でむっちりした身が詰まっている。欲張ってタグ付き松葉ガニをオプション追加したもんだから、夫婦無言でひたすらカニをむさぼり食うことになった。手や顔がカニ臭くなっても気にしない。そのために温泉が併設されているのだから、いくらでもカニ臭くなればいい。

そんなこんなで何年分かのカニを堪能し、温泉も気持ちよく、ぐっすり眠った翌朝のこと。チェックアウトを終えたところで、仲居さんが「こちら、おみやげにお持ちください」と何かを差し出す。もしやカニ⁉ と思ったが、そうではなかった。仲居さんが手にしていたのは、鉢植えの花。え…いや、こっちはこれから飛行機乗るんですけど……? 素直にその旨を告げて、「鉢植えはちょっと荷物になるので」とお断りしたのだが、そのときの仲居さんの悲しげな顔といったらなかった。今も思い出すくらい悲痛な面持ち。人の善意を無にしたようで大変申し訳ない。カニは大層うまかったが、鉢植えと仲居さんの表情が最後に全部持っていった旅として、強く記憶に残っている。

22

品目

国会図書館でナポリタンを

　仕事柄、国会図書館を利用する機会は多い。その名のとおり、国会の立法行為にまつわる調査研究などのサポートを第一目的とする国の機関だが、国会議員じゃなくても満18歳以上であれば誰でも利用できる。国内で発行されたすべての出版物は国会図書館に納入することが法律で義務付けられており、所蔵資料数は日本一。

　ただし、納本制度が完璧に守られているわけではなく、私が一番必要とする古いマンガ雑誌などはかなり抜けがある。それでも、何か調べたいときはまず国会図書館に足を運ぶのが常道だ。国会図書館に行った日は、行き帰りの道のりに加えて館内で結構歩き回るので、スマホの歩数計アプリの目標歩数を達成して健康にもいい。

ここ10年ぐらいの間に利用したことのある人ならご存じだろうが、現在の国会図書館は資料の検索も閲覧請求もすべてパソコンで行う。資料のデジタル化（スキャン）も進められており、デジタル化済みの資料は画面上で閲覧できるし、複写申し込みもできる。とはいえ、デジタル化されていない資料も多いので、その場合はパソコンから閲覧請求した資料が貸出カウンターに到着するまで20～30分ほど待つことになる。

その待ち時間が、私のランチタイムだ。普段はコンビニで買ってきたものを仕事場で食べることが多いので、どんな形であれ外食できるのはうれしい。館内で食事ができるのは、本館6階の食堂、本館3階のカフェ、新館1階の喫茶店の3カ所。本館6階の食堂はいかにも公共施設の大食堂という感じで、大きなショーケースにそば・うどん・ラーメン、丼物やカレーなどのサンプルが並ぶ。目を疑うレベルの超大盛の「メガカレー」やカレーと牛丼の具の合いがけ「図書館カレー」などが人気らしい。私が食べたことがあるのは普通のカレーだけで、お味のほうも普通であった。

6階の食堂はその一回しか入ったことがないまま、コロナ禍の影響で２０２０年10月に営業終了しており、その後は併設の売店で買うか持参したお弁当を食べる用のスペースとなっている（※23年4月17日より営業再開）。また、新館1階の喫茶店はフードメニューが少なく、あまり食指が動かない。したがって、私はコロナ前も今もだいたい本館3階の「ノースカフェ」で食べている。消去法的選択ではあるものの、ここの日替わりランチがなかなか楽しいのだ。

A〜Cの3種類があって、Aランチは肉料理、Bランチは魚、Cランチはパスタというのが基本パターン。月曜から土曜までの日替わりで、全体が週ごとに入れ替わるので、相当なバリエーションが必要となる。そのせいか、定番からちょっと外れたようなメニューがちょこちょこ出てきて飽きさせないし、どれを選ぶか迷うことも少なくない。

たとえば、ある週の火曜日は、Aランチが「チキンソテー（カレークリームソース）」、Bランチが「豆腐ハンバーグと魚の野菜あんかけ」、Cランチが「ソース焼きスパゲティ」というラインナップだった。チキンソテーは普通だがカレークリームソースとはひねりが効いている。スパゲティでソース焼きというのも珍しい。ほかにも「魚フライの玉子とじ」「ポークシチュー」など町の定食屋やレストランでもあまり見かけないメニューや、「タンドリーチキン　ターメリックライス」なんて本格風のものもあった。

もちろん「デミグラスハンバーグ（目玉焼き付き）」「サワラの西京焼き」「きのこのボロネーゼ」といった定番も多いが、「こんなもんでいいだろう」というのではなく、全体的に工夫が感じられる。バツグンにうまいわけではないが、660円（執筆当時）という値段を考えれば全然合格だし、ボリュームも十分というか私にはちょっと多いぐらい。仕

国会図書館でナポリタンを

事の状況によっては毎日のように通うこともあるので、この日替わりランチはありがたい。

そしてもうひとつ、同店のメニューで個人的にお気に入りなのがナポリタンだ。日替わりがどれもピンとこないときや量的に持て余しそうなときによく食べる。コロナ全盛期においてはメニュー縮小のため提供中止となっていたが、昨年（2022年）暮れに行ったら復活していたので久しぶりに食べようと注文した。

しかし、出てきたナポリタンは、私の知っているナポリタンではなかった。いや、ケチャップで炒めた麺にソーセージ、ピーマン、タマネギの具をからめたそれは、世間一般で言うナポリタンのイメージそのものではある。味も、いわゆるナポリタンに違いない。初めて入った喫茶店でナポリタンを注文してこれが出てきたら、何の疑問もなく食べるだろう。が、コロナ禍前にこの店で食べていたナポリタンは、こうじゃなかったはず……。

自分の記憶違いかとも思いつつ、どうにも気になったので、国会図書館のサイトの問い合わせフォームから「味が変わった気がするのですが、レシピが変わったのでしょうか？」と質問してみた。図書館本来の業務と関係ないことだし、返事が来なくても仕方ないと思っていたら、なんと数日後、きっちり返事が来たのである。

〈お問合せ頂きましたナポリタンですが、調理法が変更されております。コロナ禍以前に提供していた時期は、トマトソースベースを使用しておりました。現在単品メニューで提供しているナポリタンは、トマトケチャップベースでご提供させて頂いております。（略）調理方法が異なるため味が変わったとお感じになられたことと拝察いたします〉
ああ、やっぱり……。以前のナポリタンは油っこさがなくちょっとスパイシーで、そこが好きだった。「それはナポリタンではなくトマトソースパゲティではないか」と言われれば、そうかもしれない。というか、そういう声があって普通のナポリタンに変更した可能性も考えられる。でも、自分はコロナ禍前のトマトソースのナポリタンが好きだった。
返信メールには〈調理人に対して今回のお問い合わせ内容を伝え今後のメニュー作成の参考とさせていただきます〉とも書かれていた。こんなことでお手を煩わせてしまって恐縮だが、個人的には元に戻ってくれたらラッキーだ。いつの日かまた、あのナポリタンを食べられる日が来るのを祈っている。

ちなみに、１９４８年制定の国立国会図書館法の冒頭には、次のような一文がある。

〈国立国会図書館は、真理がわれらを自由にするという確信に立つて、憲法の誓約する日本の民主化と世界平和とに寄与することを使命として、ここに設立される〉

実に崇高な理念であり、ナポリタンがどうしたとか言ってる場合じゃない。「真理」も「自由」も「憲法」も蔑ろにしようとしている国会議員の皆さんにおかれましても、この理念を今一度、噛み締めていただきたいと切に願う。

23 品目 夫婦の肖像

ウチの食堂は結構な人数の従業員を雇っていたが、世の中には夫婦だけで切り盛りしている店も少なくない。多くの場合、夫が調理、妻が接客を担当する。そういう店はスペース的に小規模ということもあり、たいていオープンキッチンだ。つまり、注文時や料理が上がったときの夫婦のやりとりが客に丸わかりなのである。

もう20年ぐらい通っている近所の居酒屋もそのパターン。一時期、フロアにバイトが入っていることもあったが、最近は夫婦二人だけでやっている。福々しい感じの奥さんは愛想よく、フロアへの目配りも万全。阪神の打撃コーチ・今岡真訪を圧縮した感じのご主人は職人タイプではあるものの、たまに見せる笑顔がかわいい。注文の際の「お刺身三点盛りいただきましたー」「あーりがとうございまーす」というコール&レスポンスの呼吸もぴったりだ。

しかし、これだけ長く通っていると、たまに「ん？」と思うこともある。なんかギクシャクした雰囲気で、注文コールに対するご主人のレスポンスがなかったり、奥さんは奥さんで「厚揚げ急いでくださーい！」なんて急かしたりして。それに対してご主人が「今やってまーす！」とか言っちゃって。文字で書くと伝わらないかもしれないが、ちょっと言葉にケンがある。混んでて忙しいせいもあるかもしれないが、それだけじゃない。「あー、なんかケンカしたんだなー」と想像してしまうし、たぶん正解なのであった。

そらまあ、職場でも家でも一緒で一日中顔を合わせていたら、衝突することもあるだろう。ウチの両親も同様の環境だったわけで、ほかに従業員もいたから店ではあからさまにしなかっただろうけど、年に何回かは「なんかちょっとピリピリしてるなー」と子供心に感じることはあった。今の我が家は編集・ライターの自分と漫画家の妻で、仕事場も妻と共有なので似たような環境ではあるが、めったにケンカはしない。わりと年取ってからの結婚だったし子供もいないしお互い好き勝手に仕事してるし、ケンカのタネが少ないということはある。

その点、接客業は大変だ。「お客様は神様です」という言葉を水戸黄門の印籠のように振りかざした迷惑客がやってくる。客の来店時間や人数はコントロールできないので、満席で断らざるを得ないこともあればガラガラのこともある。前述の居酒屋は夕方5時開店なのだが、8時頃に行って口開けの客だったこともあった。在庫をキープしていられる商売と違って、飲食店は食材のロスも、ある程度は出てしまう。それやこれやを夫婦だけで回していたら、ストレスも溜まるだろう。

だからといって、客前で険悪な空気を醸し出すのはよろしくない。店主が従業員を客に聞こえるところで叱り飛ばしてるのもメシがまずくなるが、夫婦が険悪なのはさらに気まずい。先日たまたま入ったそば屋で、おそらく夫婦と思われる厨房のおじさんとフロアのおばさんが、「聞いてねえよ!」「さっき言ったでしょうが!」などとものすごい勢いで怒鳴り合っていて、「なんかすみません……」という気持ちになってしまった。商店街の老舗っぽい店だったので、それはそれで芸風なのかもしれないが、一見客としては居心地悪い。

ことほどさように、夫婦で飲食店を営むなら夫婦円満であることは重要だ。必須条件ではないかもしれないが、円満に越したことはない。それで思い出すのが、とある割烹だ。近所にあったワインバーが閉店し、そこに新装開店したお店。オープン早々に妻と二人でお邪魔したら、まだ若い大将と女将さんが出迎えてくれた。

10席ほどのカウンターに半個室というこじんまりしたたたずまい。どこかの料亭で修業してこのたび独立しましたという感じのご主人が板前として腕を振るい、奥さんが女将（着物に割烹着着用）として接客を担う。料理は本当においしかった。しかし、注文を聞いたりお酒をとっくりに注いで出したりする女将は、今ひとつ愛想がないというか、つまらなそうなのである。「なんで私がこんなことやらなきゃいけないの」と顔に書いてある。奥さんは独立に反対してたのに、「二人で頑張ろう」とか言われて押し切られたのかな……などと、勝手な推測をしてしまう。

その店には、それからも何度か行った。以前に勤めていた店の贔屓筋と思しき客もいて、良く言えば親しげに、悪く言えば馴れ馴れしく、大将や女将に話しかける。新規オープンの店としては、そういう客は大事にしなければいけないのだろうが、上から目線の言動は傍目にはいささか下品に見えた。それはだいたいおっさんで、主に相手をするのは女将である。いわゆる〝太客〟という認識があったのかどうか、彼らを相手にするときは精一杯の笑顔を振りまいていた。通りすがりに、店の前でおっさん客をお見送りする姿を見たこともある。

そしてある日、久しぶりに訪れたその店に、女将の姿はなかった。何かやむをえない用事があるとか体調不良とか、理由はいろいろ考えられる。おめでたという可能性もあるだろう。自分としては特に詮索する気はなかったのだが、常連っぽい客が「○○ちゃん、どうしたの？」と直球の質問を繰り出した。そのときは「いやー、ちょっと実家に帰ってまして……」と微妙な返事をしていたのが、次に行ったときには「いやー、カミさんに逃げられまして」と剛速球を投げ返していて、我々は「お、おう……」と思いつつ聞こえないふりをしたのであった。

その後、「アルバイト募集」の貼り紙が出され、いつのまにか若い娘が後釜に座り……というような展開はなく、大将一人で頑張っていた。が、やはり一人では手が回らないのか、しばらくお休みとなり、やっと復活したと思ったらメニューが「おまかせコース」のみになっていた。それはそれで接待や記念日の会食などにはいいのだろうが、我々のように仕事終わりに立ち寄る人間には向かない。料理自体はおいしいので残念だったが、それ以来行かなくなり、結局、コロナ禍を迎える前に閉店してしまった。

夫婦で店をやるというのは究極の共働きであり、他人を雇うよりデリケートな部分も多いに違いない。その店があった場所は、コロナの影響もあってか、空き家のままだ。前を通るたびに、ちょっと寂しい気持ちになる。

24品目 サハリンの夜

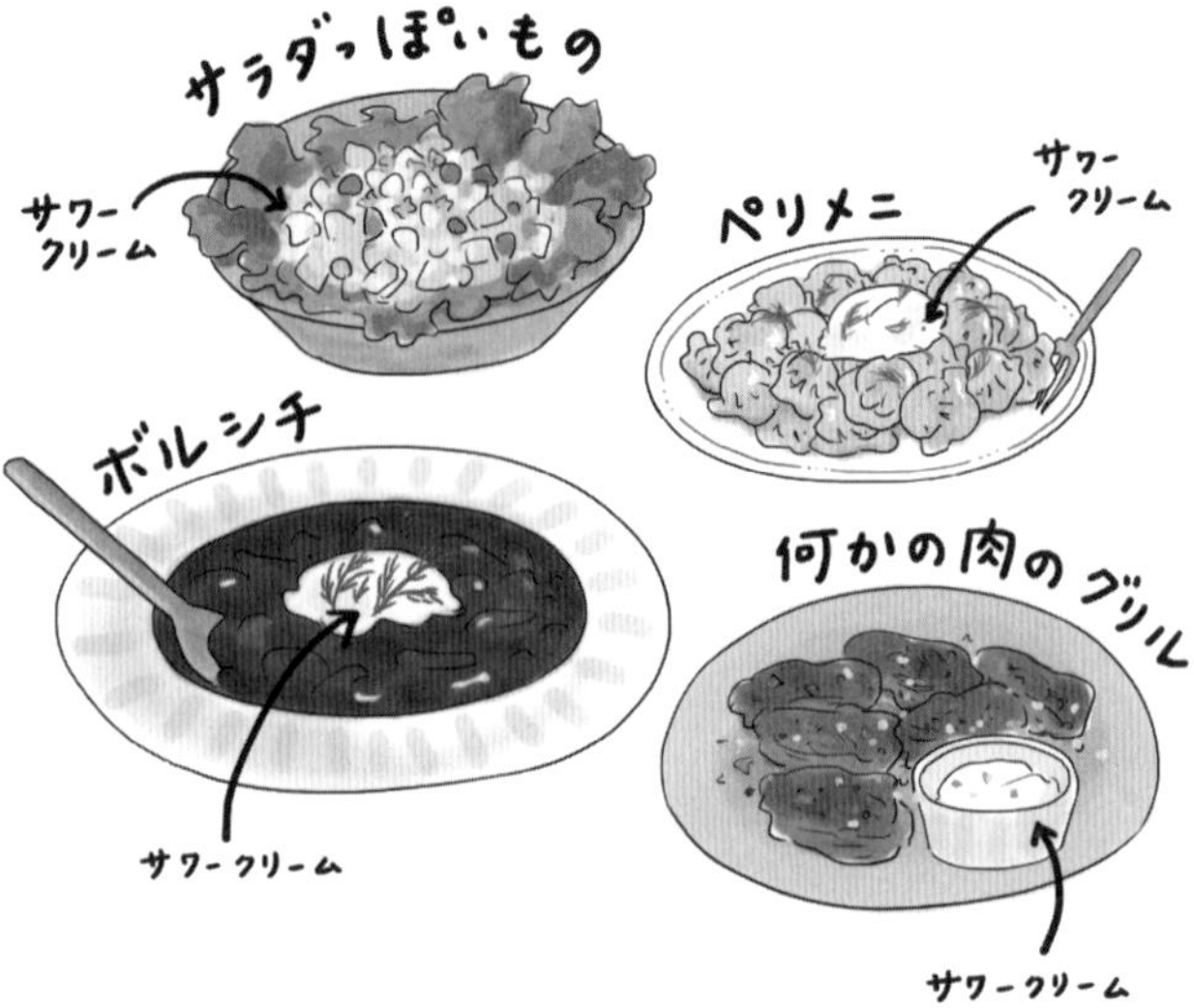

自慢じゃないが、英語がしゃべれない。読むのはある程度どうにかなるものの、会話となると全然ダメだ。まず相手が何言ってるか聞き取れないし、聞き取れたところでどう返事をしていいかわからない。ＹＥＳ／ＮＯで済む話や買い物ぐらいならまだしも、ちょっと何かを説明しなきゃいけないような場面では、もうお手上げ。自分のコンプレックスをネタにして『字が汚い！』『声が通らない！』という本を書いてきた私だが、そのラインナップに『英語がしゃべれない！』というのも追加したいぐらいである。

そんなわけで、海外にはなるべく行き

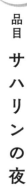

たくない。旅行なら国内で十分だ。しかし、仕事となると行かざるを得ないこともある。初めての海外渡航は、【1品目】でちらっと書いたアメリカ取材。そして2度目が1998年、漫画家の西原理恵子さんと夫（当時）でカメラマンの故・鴨志田穣さんと一緒に行ったサハリン取材だった。本当は北方領土（四島）に行きたかったのだが、外務省に問い合わせたら記者クラブに入っていないとダメとかいろいろ渡航のハードルが高く、似たようなところということでサハリンにしたのである。

羽田から函館に飛んで、そこからアエロフロートでサハリンの州都ユジノサハリンスクへ。アエロフロートの小さな機体は気密が甘いのか、めちゃくちゃ耳が痛くなったうえ、木枠の座席の背もたれが壊れていて離陸時に後ろにバタッと倒れそうになった。後席には熊みたいなロシア人のおっさんがいたため、倒れないよう必死で腹筋で耐えたのも今となってはいい思い出だ。

到着は夕方で、空港には通訳兼ガイドの女性・文さんが迎えに来てくれていた。ご承知のとおり、サハリンの南半分は太平洋戦争時「南樺太」として日本の統治下にあった。文さんは、その時代に同じく日本統治下にあった韓国から労働力として徴用された韓国人の二世である。なので、日本語とロシア語（と、たぶん韓国語）が話せるのだ。韓国語の読みでは「ムン」なのだろうが、ご本人が日本式（？）に「ブンです」と自己紹介していたので、我々も「ブンさん」と呼んでいた。

その日はタクシーでホテルに向かい、翌日の集合時間を決めて、ひとまず解散。ところが、そこで問題が発生した。旅行代理店の人にサハリンではドルが通用すると聞いていたからドルを用意していたのに、文さんは「ダメですヨ。ドル受け取ると捕まるのでみんな受け取らないですヨ」と言うのである。両替しようにも銀行や両替所はもう閉まっている。事実上の一文無しであり、このままではメシも食えない。しょうがないですねーという感じで、文さんが手持ちのお金から「これぐらいあればごはん食べられるでしょ」と何ルーブルか貸してくれた。

よし、これでメシにありつける。私と西原さんと鴨志田さんの３人は、地図を頼りにホテルからほど近いロシア料理店に向かった。いや、サハリンなんだからロシア料理なのは当たり前だろ、と思われるかもしれないが、「クロシオ」とか「飛鳥」とかいう名前の店もあったのだ。かつて日本領だったのだから日本料理（風）の店があってもおかしくない。「ソウル」という店もあって、別の日に行ってみたら、そこは韓国料理店だった。

15分ぐらい歩いただろうか。いかにもロシアっぽい「スラヴャンカ」（今調べたらロシアの都市名だった）という店に到着した。席に案内され、メニューを開く。が、そこに並ぶのはロシア語の文字。日本語はもちろん英語表記もナッシング。店の人が何やら説明してくれるが、そんなもん1ミリもわからない。鴨志田さんは英語やタイ語ならいけるクチだが、ロシア語は無理。こうなるともう、英語がしゃべれるしゃべれないは関係ない。どのみち通じないのだから、むしろ開き直りの境地である。

外食で生きてきた人間として、メニューの並びや雰囲気で「このへんは前菜」「このへんはメインディッシュ」というのは何となくわかる。前菜っぽいところとメインっぽいところから2~3品セレクト。あと、周りのテーブルでペリメニ（水餃子）っぽいものを食べてる人がいたので「あれと同じやつ」とジェスチャーで伝える。そして、ロシア料理といえばこれだろうというボルシチを注文したくて「ボルシチボルシチ！」と言ったら、発音はともかくなんとなく通じたらしい（これまた今調べたら、ボルシチはもともとウクライナの料理らしく、とりあえず平和を祈った）。

結果的には、サラダっぽいものとペリメニ、ボルシチ、何かの肉のグリルなどが運ばれてきた。ペリメニとボルシチはそれなりにうまかったが微妙にぬるく、サラダっぽいものはこんな覇気のない野菜は見たことがないというくらいしおしおで、何かの肉はひどく硬かった。そして、なんでもかんでもサワークリームがかかっていた。それでもまあ、異国の地で食べる最初の食事としては、成功の部類に入るだろう。

ただ、そこでもうひとつ問題なのは、お金が文さんから借りた分しかないということだった。メニューに値段は書いてあるが、よその国のお金だと相場の感覚がわからないし、手持ちのお金で足りるかどうかの計算もパッとはできない。テーブルチャージやサービス料があるのかどうか、あるとしてどのくらいなのかもよくわからない。「これで足りる？」「もうちょっと頼んでも大丈夫かな？」と、すっかり往年のテレビ番組『がっちり買いまショウ』状態（若い人知らんわな）。金額オーバーは許されないのでハラハラドキドキしたが、ギリギリ足りてホッと胸をなでおろした。もしもあのときオーバーしてたらどうなってたのか、足りない分はドルでもいけたのか、今となっては知る由もない。

ホテルへの帰り道、歩きながらウオッカをラッパ飲みしているおっさんを見かけた。あとで知ったが、たいていのレストランがお酒持ち込み可で、スーパー的なところで買えばウオッカのボトル１本が当時の為替レートで２００円程度。お店で頼むと倍以上した。ビールは置いてない店が多く、外国人向けのホテルのバーで飲んだら１杯７００円ぐらいだった。アルコール度数と値段が合ってない。そりゃみんなウオッカ飲むわけである。

翌朝、おばさんたちが道端に店を広げてピロシキを売っていた。日本で見かけるピロシキよりかなりデカくて野球のグローブ並みのサイズである。さすがロシアは何事もスケールがデカいと感心しつつ買って食べてみたが、冷えて油の回ったピロシキは二日酔いの日本人にはいささか厳しかった。あと、泊まったホテルの部屋以外で入ったトイレはすべて便座がなかった（四半世紀前の話なので今はそんなことないと思うけど）。

6泊7日の滞在で、覚えた言葉は「ダー」「ニエット」「スパシーバ」「ダイチェ パジャールスタ チェーク」。日本語にすると「はい」「いいえ」「ありがとう」、そして最後が一番大事なフレーズ、「領収書ください」である。

25品目 インドで大炎上

前回、サハリンに行ったときの話を書いた。その次に行った海外がインドである。これまた漫画家の西原理恵子さんとの取材旅行だ。インドを中心にアジア圏を長く取材している写真家の石川武志さんの案内で、男性でも女性でもない「第三の性」と呼ばれるヒジュラの日常と、南インドの小さな村にインド中のヒジュラが大集合するお祭りを取材した。

しかし、しょっぱなからして前途多難。機体のトラブルか何かでエア・インディアのデリー直行便の出発が遅れ、何時間も機内に閉じ込められた。おかげで、まだ離陸もしてないのに機内食を食う羽目に。エア・インディアだけに機内食もカレーである。基本的に出されたものはおいしくいただく人間だし、実際それなりにうまかったが、「なんで今ここでこんなもん食ってんだろう……？」という謎な気持ちにはなった。

あげくの果てにフライトがキャンセルとなり、その夜は空港近くのホテルに宿泊。翌朝、振り替え便に搭乗したが、直行ではなくシンガポール経由で、シンガポールでの乗り継ぎでまた一苦労する。成田で渡された代替チケットがシンガポールまでのものだけで、乗り継ぎ便の分がなかったのだ。受け取ったときにきちんと確認しなかったこっちも悪いが、渡すべきものを渡さないほうがもっと悪いと思う。

そんなややこしい事情を英語ダメ人間の私が航空会社カウンターの外国人相手に説明できるはずもない。「日本語話せる人いませんか？」と拙い英語で聞いてみたが、それ自体が通じてない様子。そうこうしているうちに出発時間が迫ってくる。このまま映画『ターミナル』のトム・ハンクスみたいに空港から一生出られなくなるか――と思ったが、西原さんを密着取材するテレビ番組のスタッフが同行していて、その人に説明してもらって事なきを得た。彼がいなかったらどうなっていたかと思うと、足を向けて寝られない。

結局、ほぼ2日遅れでデリーに到着。よく外国人が日本に来ると味噌だかしょうゆだかの匂いがするというが、インドの空気はほこりっぽくスパイシーだった。西原さんも私も当時すでに40歳。バックパッカーじゃあるまいし、安宿に泊まるのは体力的にもきついということで、日航ホテル（現メトロポリタンホテルニューデリー）に宿泊した。なので、朝食は普通のバイキングだったが、昼食は街中の食堂で食べることになる。そこで何を食べるかといったら、当然カレーだ。

デリー滞在中に食べたカレーは、どれもうまかった。日本でも最近は本場のインドカレーを出す店が増えている（ただし店員はネパール人やパキスタン人だったりする）が、当時はまだそれほど身近ではなかったように思う。そういう意味では食べ慣れない味だったかもしれないが、その分、「おお、これがインドのカレーか！」という新鮮味もあった。

しかし、一番うまかったのは、お祭り取材のため南インドのチェンナイ（旧マドラス）に飛んで、投宿したホテルの朝食だ。朝食といえども、インドであるからには当然のようにカレーが出る。ただし、付いてくるのがナンやチャパティやライスではなく、ふわふわの蒸しパンだった。それが「イドゥリ」という名前であることはあとで知ったが、日本のもっちりした蒸しパンとは全然違う。もっと軽くてスポンジみたいで、ほんのり酸味がありシュワーッとしてるのだ。

これを南インド独特のサンバル（豆と野菜のシャバシャバカレー）やココナッツ風味のフィッシュカレーやヨーグルトみたいなやつにつけて食べるとマジでバカうま。最初の一口を食べたときには、マンガ『孤独のグルメ』で井之頭五郎が豆かんをほおばったときの顔みたいになっていたと思う。カレーのスパイスも相まって、起き抜けで半分眠っていた胃や脳がパーッと目を覚ます。そのホテルはチェンナイでは高級なほうながら、シャワーは濁った生ぬるい水がチョロチョロ出るだけだったが、あの朝食は最高だった。

ヒジュラ大集合のお祭りが開かれるのは、チェンナイ市街からクルマで数時間走った村だ。インド人ドライバーの運転は大変荒っぽい。交差点なんかは我先に突っ込んでいくし、基本的に避けたら負けのチキンレースである。郊外の一本道で追い越しのために対向車線を突っ走っているところに正面からトラックが迫ってきて肝を冷やしたこともあったし、道端に大型トラックが横転しているところも何度か見た。あの調子で運転してたら、そら事故も起こるわなあ……と正直思った。

途中、ヒジュラのビューティーコンテストみたいなのも見ながら、目的地の村へ。「アラヴァン・タライ」と呼ばれるお祭りは夜通し行われる。途中で雨が降ったりもして、取材はなかなかハードであった。といっても、一番ハードだったのはヒジュラになりきってお祭りの真っ只中に突入していった西原さんとそれを追いかけて撮影した石川さんで、私は遠巻きに見ていただけなのだが、見ているだけというのもなかなか疲れる。

いろいろありつつも翌朝には何とか無事に取材が終わってホッと一息。その後デリーに戻って、明日は帰国という日の夜は、ホテルのレストランで打ち上げの宴である。インド人はあまりお酒を飲まないというか、州によっては禁酒のところもあるようだが、外国人がレストランで飲む分には問題ない。ビールやワインを飲みながら、タンドリーチキンやシークカバブ（つくね肉の串焼き）などをパクつく。あとは帰るだけなので気楽なものだ。

ところが、ここで最後の落とし穴が待っていた。酒も入ってゴキゲンで何かの炒め物的な料理を一口食べた瞬間、口の中がズギャーンと大炎上する。シシトウかと思ってうっかり食べたのが超激辛のトウガラシだったのだ。それはもう辛いとかいうレベルではなく、ひたすら痛い。これが「焼け火箸を突っ込まれたような」というやつか。いや、焼け火箸というより焼け剣山をこすりつけられた感じと言ったほうが近い気がする。

あわてて水を飲んだが、まさに焼け石に水。カラムーチョのおばあさんみたいに顔を真っ赤にして涙目でヒーヒー言ってる私を見て、状況を察した西原さんが「これ食べてっ！」と氷を差し出してきた。インドで生水は飲んじゃダメ、氷もダメと聞かされていたが、そんなこと言ってる場合じゃない。とにかく火を消さなければ、というんで氷をガッと口に放り込み、しばらくモゴモゴやってたら、ようやく少し鎮火してきた。

幸い腹を下すこともなかったが、あのトウガラシは凶悪だった。後にも先にも経験のない最強の辛さ。鎮火後も口の中がちょっとしびれたような状態で、そのあと食べたものの味がよくわからなかった。検索してみたら、北インド産のブート・ジョロキアという品種が辛さランキングで世界3位に入っているので、もしかしたらそれかもしれない（あれより上があるらしいのもすごいが）。

ウィキペディアの記述によれば〈北東インドでは、畑や民家を荒らす野生のアジアゾウを撃退するためにすり潰して柵に塗ったり、対ゾウ用のトウガラシ発煙筒を開発する試みがなされている〉というから、ほとんど化学兵器である。死ななくてよかった。

26品目　開幕前の至福の宴

　2月1日のキャンプインはプロ野球ファンにとって第二の正月だ。ツイッターの野球クラスタでは「あけましておめでとうございます！」の声が乱れ飛ぶ。近年はCS放送やネット中継でキャンプの様子が見られるので大変ありがたい。ただの練習を見て何がうれしいのかと思うかもしれないが、ファンにとっては選手が動いている姿を見るだけで心が弾むのだ。私なんかはもう選手の親より年上だったりするし、世が世なら孫の可能性まであるので、うっかりするとちょっと涙ぐんだりもする。

　3月に入るとオープン戦も本格化し、

贔屓チームの戦力分析で忙しい。新入団選手の実力はいかほどか、レギュラークラスの仕上がり具合はどうか、開幕メンバーはどうなるのか。昨季活躍した選手にはさらなる飛躍を期待するし、そうでなかった選手も今年はやってくれるはず……などと思いを巡らす。実際にシーズンが始まると、２０２２年の我がチーム（阪神）のように開幕９連敗などという過酷な現実に直面しかねないので、心置きなく妄想をふくらますことのできるこの時期が、ある意味一番幸せとも言える。

そんな開幕前の恒例お楽しみ行事として、毎年開催しているのが「虎の会」だ。仲間内の阪神ファンが一堂に会し、来るべきシーズンに向けての期待と不安を語り合う。要するに阪神ファンの阪神ファンによる阪神ファンのための飲み会である。第１回は２００３年の優勝祝賀会と新年会を兼ねて２００４年１月に開催。年末年始は店が混んでるということもあり、第４回の２００７年からは新戦力の見極めもできる３月開催となった。最も多かったときで16人、少ないときで６人、平均９人程度が参加している。

一応、言い出しっぺで最年長の私が幹事を務め、毎回「虎」にまつわる店を選ぶ。店名に「虎」が入っているとか店主が阪神ファンとかいう店を探すのだが、これがなかなか難しい。「虎○○」という店名のくせに、いざ店に行ってみたらジャビット人形（読売ジャイアンツのマスコット）が飾ってあって参加者の顰蹙《ひんしゅく》を買ったり、駅からやや遠くて不便ながら店主が阪神ファンの店を見つけて「よし、これから毎年ここでやろう！」と思ったら、「実は今月で閉店するんです」と言われてガックリしたこともあった。ターミナル駅ではない東中野のトラキチが集うことで有名な店や、語呂合わせで「蒙古（＝猛虎）〇〇」という火鍋の店にしたこともある。

そうやっていろんな店を転々としていたが、２０１１年の第8回（東日本大震災発生のため5月に延期した）からは、渋谷の「虎視眈々」という店が安住の地となった。店名に「虎」が入っているだけでなく、ここの大将が我々「虎の会」メンバーに優るとも劣らないトラキチなのだ。何がすごいって、東京でお店をやっているにもかかわらず甲子園球場ライトスタンドの年間シートを購入しているのだから、どうかしている。お店は地鶏料理がウリで、名物はチキン南蛮。やわらかく揚がったチキンにコクのあるタルタルソースがたっぷりで、酒が進むこと請け合いだ。もちろん定番の地鶏焼きもうまいが、個人的におすすめは「北と南のさつま揚げ」。北海道産と宮崎産、2種類のさつま揚げがマジでうまい。

そんなお店で思う存分阪神トークができるという至福。昨シーズンの反省から始まり、今シーズンの展望、新戦力の評価、そして酔いが回るにつれ、話は時空を超えて横滑りしていく。何しろファン歴何十年のツワモノぞろいなので、マニアックな名前が出るわ出るわ。「背番号3といえば藤倉ですよ」「江川が着なかった3番な」「星野伸之の球をキャッチャーが素手で捕ったって話があるけど、大町の球、それより遅かったよな？」「イタリア出身の外国人おったやん、名前何やっけ？」「おったおった、ラムな」「マイナー外国人ではアレンが結構好きでしたねー」って、阪神ファンでも若い人にはさっぱりわからないだろう。

さて、宴もたけなわというところで参加者に回すのが「勝ち星予想表」である。今シーズン、誰が何勝するかを各人が予想して書き込む。2023年であれば、青柳18勝、伊藤将15勝、西勇12勝、西純10勝、岩貞10勝、才木9勝、秋山8勝、及川5勝、森木3勝、村上2勝、リリーフ陣6勝で合計98勝……おお、ぶっちぎりで優勝してしまう！という〃取らぬ狸の皮算用〃をみんなでやるわけだ（※本当に優勝したが、星勘定は全然違った）。

その場も楽しく翌年答え合わせしてまた楽しい座興であるが、98勝ぐらいで驚いてはいけない。過去には125勝という数字を叩き出した御仁もいる（年間143試合なのに）。希望的観測に夢を託すか現実を直視するかは人によるし、そのときの気分によっても違う。優勝した翌年に48勝や66勝と悲観的な数字を出す人もいれば、毎年必ず90勝以上を積み上げる人もいる。各年度の最多予想と最少予想を平均すると、103・9勝と69・2勝。その間の現実の阪神タイガースの平均勝利数は71・5勝（勝ち星予想しなかった2011年は除く）なので、悲観主義者の予想よりは勝っていることになる。

メンバーが集まるのは年に一回、この「虎の会」のときだけだ。が、乾杯の瞬間からこれほど盛り上がる飲み会をほかに知らない。近年は平均年齢の上昇もあり一次会でお開きにしているが、かつては二次会、三次会まで語っても語り尽きることがなかった。

しかし、かくも楽しい宴をしばらく開催していない。言うまでもなく新型コロナの影響である。２０２０年はギリギリ開催できるタイミングで、参加予定の一人が風邪っぽいので大事を取って欠席したのを「Kさん、コロナだって（笑）」と冗談ネタにしていたら、4月には最初の緊急事態宣言が発令。そこからは本当にシャレにならない事態になってしまった（Kさんはコロナではなく今もお元気）。

第8波の頃と比べれば当時は感染者数も死亡者数も微々たるものだったが、飲食店は休業や時短営業を余儀なくされた。プロ野球も無観客試合やスタンドでのアルコール販売自粛（というか実質的には禁止）などの憂き目に遭う。【20品目】でも書いたが、球場に足を運ぶ理由の何割かはスタンドで飲むビールである。それが許されないなら、テレビ（CS）なりネット中継なりで観戦したほうがいい。

２０２4年も「虎の会」は自粛した。18年ぶりの優勝と38年ぶりの日本一を祝いたかったが仕方ない。政府のコロナ対策は終了し、世間的にはかなりゆるい雰囲気になってきているけれど、自分としてはまだ大人数での会食は避けるべきだと考えている。ましてや口角泡を飛ばして阪神タイガースについて語り合う集団は、お店にとっても周りのお客さんにとっても迷惑だろう。コロナじゃなくても迷惑な気もするが、だからといって黙食では意味がない。「虎視眈々」はコロナ禍を何とか乗り切り健在だ。また心置きなく飲んで騒げる日が来ますように……。

27 品目

私がスポーツジムに通う理由

我ながらどう考えても運動不足である。幸い体質的にいくら食っても飲んでも太らないのでダイエットの必要はまったくないのだが、筋力および筋肉量の低下はいかんともしがたい。こう見えても中学、高校と一応運動部に所属していて、一番体力のあった高校時代は腕立て伏せギリギリ50回、腹筋ならわりと余裕で100回以上できた。その貯金もあって若い頃は体力的に無理も利いたが、今はもう全然ダメ。朝起きたら疲れてるし、メシを食っても疲れるし、息をしてるだけで疲れる。

これではいかん！　というわけで、意

を決してスポーツジムに入会したのが2019年の夏のこと。わざわざお金をかけなくてもジョギングとかスクワットとか腕立てとかすればよさそうなものだが、そんなことが自主的にできるぐらいならとっくにやっている。お金を払えば、その分、元を取ろうと思って頑張るはず——というのが私の目論見だ。というか、ジムに通ってる人はだいたいみんなそうですよね？

最初に体組成計でいろいろ測る。体脂肪率が低いのはいいとして、筋肉量もやっぱり少ない。細かい数字は覚えていないが、トレーナーさんがカルテみたいなのに記入しながら「まずは筋肉量を○％増やせるよう頑張りましょう」とか言ってたような記憶がある。

器具の使い方を教わり、推奨メニューと適切な負荷レベルの説明を聞く。そこからは基本的に自由である。私の場合は、ストレッチで軽く体をほぐしてから、まず3分ほどウォーキング。体が温まったところでレッグプレス、レッグカールなど足腰を鍛えるマシンをガシャガシャやって、アブドミナルクランチ、バックエクステンションで腹筋と背筋、チェストプレス、ショルダープレス、バタフライマシンなどで胸や肩周り、腕を鍛える。それらをひととおりこなすのに30〜40分。最後にジョギングとランニングを交えたインターバル走を2㎞ほどやって終了というのがルーティンだった。

全体でだいたい1時間弱。多いのか少ないのかわからないが、自分にはそのぐらいがちょうどいい。実は若い頃に一度、別のジムに入会したことがあったのだが、そのときは今より仕事も忙しく、1年で10回も行かずに退会してしまった。その点今回は、ほぼ週2回、少なくとも週1回は行くという習慣づけに成功。面倒くさがりな自分にしては快挙と言っていい。

ただし、それにはちゃんと理由がある。フリーランスの特権で、私がジムに行くのは平日の日中だ。メンバーシップもデイタイム限定のプランで少し安い。だいたいお昼の12時ぐらいからスタートして、ルーティンをこなして着替えを終えると1時過ぎ。ひと汗かいた爽快感と「運動した！」という達成感に満たされながらジムの建物を出ると、道路を挟んだ真向かいに昼から飲める食堂ののれんが揺れているのである。

そりゃもう猫に「ちゅ～る」の袋を見せたようなもんで、脇目も振らず突進だ。席に着くか着かないかのうちに「生ください」。待つことしばし、冷えたジョッキに注がれたビールをゴッゴッゴッと飲んだときの幸福感たるや……！　このためにジムに通っていると言っても過言ではないというか、完全にこのために通っているとしか言えない。この一杯を最高の状態で味わうため、トレーニング中の水分補給も極力控えるほど。最後のインターバル走の頃には、もはやビールのことしか頭にない。

至福の一杯で少し落ち着いたところで、次は栄養補給である。よく知らないが、筋トレのあとにはタンパク質を補給したほうがいいと聞く。ここはひとつ、大豆タンパクが豊富な冷やっこをいただこう。夏の暑い日にビールと冷やっこは最高のコンビネーションだ。疲れた筋肉と同時に心も癒されていく。

夏バテ防止のためにはビタミンや鉄分なんかも必要だろう。砂肝ポン酢も頼んじゃおうかな。これまたビールとの相性いいんだよね……とか言ってるうちにジョッキは空に。本当はここから焼酎ロックへとなだれ込みたいところだが、まだ昼間だし仕事もある。ぐっと我慢して、ハムエッグ定食（ごはん少なめ）で締めるのだった。

もちろん日によって冷やっこが厚揚げ焼きになったり、砂肝ポン酢が鶏レバ生姜煮になったり、ハムエッグ定食が豚しょうが焼き定食になったりするわけだが、この店で飲んで食うことがジム通いの原動力になっていたことは間違いない。ダイエット目的ではないので、飲み食いすることは全然OK。むしろそれで筋肉がつけばありがたいが、入会3カ月後に測定したら、体重も筋肉量も体脂肪も特に変化がなかった。それなりに真面目にトレーニングしているというのに、いったいどういうことなのか。

結果が数字に表れないと、いささかモチベーションが下がる。季節が夏から秋、さらに冬へと移り変わると、ビールの至福度も下がっていく。それでも週1～2回の習慣として地道に通っていたのだが、好事魔多し。そこにコロナがやってきた。

最初のうちは使用後に器具を消毒するぐらいで済んでいたが、2020年4月には1回目の緊急事態宣言が発令され、ジムも飲食店も休業を余儀なくされる。その後、一旦は解除されたものの、2021年にはまた長期にわたって発令された。東京都による「まん防」こと「まん延防止等重点措置」や「東京アラート」なんてのもあった。都庁やレインボーブリッジが赤く染まったのを覚えている方も多いだろう。

その間、ジムも営業再開したり、また休業したりと右往左往で、こっちもなかなか判断に迷うところだった。感染リスクのある場所はなるべく避けたいというのもあるし、マスクをしてのトレーニングというのも息苦しい。そのうえ、飲食店に対して時短だの酒類の提供禁止だの、意味不明の措置が取られていた。

コロナ禍における飲食店いじめのような施策については言いたいことが山ほどある。少なくとも一律の「8時閉店」には何の意味もなかった。限られた時間帯に客が集中して、むしろ密を招いたと思う。制限すべきは「閉店時間」ではなく「単位面積当たりの人数」だろう。時間を制限するなら「トータルの営業時間」と「客の滞在時間」を制限したほうが密を避けられたし、客側にとっても利便性が高かったはず。酒類の提供禁止についても、酒がダメなのではなく会話、会食がダメなのだ。一人で黙って飲み食いする分には問題ない。とにかくすべてが的外れだった。

そんななか、私のジム通いもピンチを迎える。せっかく習慣化していたものが中断したうえに、マスクというハードルができ、至福の一杯も味わえないとなれば、モチベーションはダダ下がり。２０２１年の2月に休会し、結局そのまま行かなくなって退会してしまう。人生2度目のスポーツジム退会である。

しかし、そこからまた少し年齢を重ねてますます体力の低下を感じる今日この頃。コロナが収束したわけではないが、運動後のあの一杯のうまさと楽しい時間を再び味わうためにも、もう一度入会してみようか……と思っていた矢先に、肝心の昼飲み食堂が閉店してしまった。建物老朽化による建て替えのための閉店で、再開予定はあるらしいが具体的にいつになるかはわからない。

ほかにも昼飲みできる店がないわけではない。が、ジムを出て目の前の店に飛び込んでジョッキのビールを飲む快感は何物にも代えがたかった。生涯3度目（そしてたぶん最後）のジム通いが始まる日は来るだろうか。

28品目 かわいそうな寿司屋とその弟子

あれはもう20年ほど前のこと。当時よく飲み歩いていた界隈で、いい感じの寿司屋を見つけた。まだオープンして日が浅い感じの染みひとつない白木の引き戸に趣味のいい藍染のれん。「鮨」の文字と店名が書かれた行燈があるだけで、品書きなどは出ていない。高級店っぽくはあるが、立地的に考えてべらぼうに高くもないのでは……と、勇気を出してのれんをくぐった。

店内には10席ほどのL字カウンター。こちらも白木で美しい。平日の早めの時間帯でもあり、先客は二人連れが1組だけ。カウンターの向こうの人の好さそうな大将は、予約なしで飛び込みで入ってきた一人客の私を「いらっしゃいませ」と笑顔で迎え入れてくれた。

席に着いて、まずビール。付き出しも出てきたと思うが、何だったかは記憶にない。こういう雰囲気の店には珍しく、その日のネタを書き出したメニューがある。しかも、一人客でも一貫ずつ出してくれるというからありがたい。

刺身を少しつまんでからにぎりへ。コチ、ヒラメ、カワハギ、赤貝、コハダ、アジ、金目鯛、アワビ、中トロ、アナゴ……。実際に何を食べたかは覚えてないので適当に好きなネタを並べてみたが、どれもしっかりうまかった。ネタはもちろんシャリの塩梅もちょうどよく、最初の2~3品食べた時点で「いい店見つけた!」と心の中で小躍りした。

しかし、世の中そう甘くない。少し飲み食いして落ち着いたところで、ふと先客の会話が耳に飛び込んでくる。

「今、○○ちゃん押さえられるの、俺しかいないから」

芸能界に疎い私でも知ってる飛ぶ鳥落とす勢いの若手女性ミュージシャンの名前を挙げて、ドヤ顔決めているスーツ姿のおっさん。隣では仕事関係と思しき20代後半ぐらいの女子が愛想笑いを浮かべている。

「最初は××でいこうって話だったんだけど、いや、ちょっと待てと。今だったら、○○ちゃんしかいないでしょ、と。スケジュール考えたら普通だったら難しいんだけど、そこはほら、俺の人脈っていうか、秘密のルートがあるから（笑）」
○○ちゃんを押さえられたのがよっぽどうれしいのか、語る語る。どうやら何かのイベントだか広告だかに○○ちゃんを起用して大成功、みたいな話らしい。それは慶賀の至りだが、さっきからあなたの前に出された寿司が乾き始めてるんですけど……。
おっさんはその後も「俺がいかにすごいか」を語りまくり、ときどき思い出したように酒を飲み、寿司をつまむ。女子のほうは出された寿司をすぐに食べるのだが、おっさんがそんな調子なので、手持ち無沙汰な感じでウーロンハイか何かをちびちび飲んでいる。

見ているこっちは、気が気じゃない。おっさんがその女子をどうにかしようとしているのは明らかだが、そんなことより早く食えよ、その寿司を。食わないんなら、俺にくれ。ていうか、隣の女子も「食べないんならもらっていいですかー？」とか言って食べちゃえばいいのに。あと、二人とももうちょっと酒を飲め！

いやまあ、まったくもってよけいなお世話ではあるが、こういう店側にとってコスパの悪い客は、見ていて残念な気持ちになる。大将のほうも、せっかく握った寿司を放置されたら、いい気はしないだろう。頑固オヤジの店なら「さっさと食べな」「食わないんなら出てってくんな」ぐらいのことは言うかもしれないが、人の好さそうな大将は何も言わない。

かわいそうな寿司屋とその弟子

それでも味はいいので、一人でも夫婦でも何度か行った。しかし、どうにもいわゆる〝業界人〟っぽい客が多くて、会話が聞き苦しい。我々はパカパカ食ってグビグビ飲んでさっさと帰るのだが、しゃべってばかりであまり飲み食いしない客も多い。そうかと思うと、食通気取りでウンチクを語ったり、大将にやたらと話しかける輩もいる。気のせいかもしれないが、訪れるたびに大将の表情がだんだん曇っていき、時折ため息もついていた。

が、それは客筋の悪さだけが原因ではない。カウンターに立つのは大将一人で、焼き物などは奥の厨房で弟子が担当するのだが、その弟子が粗忽《そこつ》者らしく、ちょいちょい焦がしたり落っことしたり、何かと失敗するのである（焦げくさかったりガチャンと音がしたりするのでわかる）。頑固オヤジなら「バカ野郎、何やってんだ！」と怒鳴りつけるところだが、人の好さそうな大将は「やれやれ」という感じでフォローのため奥に引っ込む。そんなことを繰り返していたら、そりゃため息もつきたくなるだろう。

厨房担当だけでなくフロア担当というか、客が帰ったあとに片付けて次の客用のセッティングをしたり、お酒の注文を聞いて出す係の弟子もいた。厨房と交代でやっているのか、少なくとも二人は見たことがあるのだが、そのうち一人が非常に毛深い男子だった。髭の剃り跡も青々しく、腕毛はぼうぼう。「毛深いなー」と思いつつも、普通に働いていたので特に気にはしていなかった。

ところが、ある日、その男子の腕毛がきれいさっぱり剃られていたのだ。きれいさっぱりといっても剃り跡はくっきり残っていて、青々しいというより痛々しい感じ。客に「不潔だ」とでも言われたのか。人の好さそうな大将が「剃れ」と命令したとは思えないし、そんなことを言うぐらいなら最初から採用しないだろうから、やはり客からクレームがあったのだろう。腕毛が濃いことで現実に衛生上の問題があるのかどうかは知らないが、痛々しい剃り跡は清潔感より無情を感じさせた。

大将もいろいろ気の毒だが、その弟子もかわいそう。寿司はうまいが店の空気がほんのり気まずい。いや、そう思ってるのは私だけで、ほかの客は気にもしていないのかもしれない。そうでなければ、あんなに自慢話ばっかりしないだろう。

結局、私の行動範囲がちょっと変わって、その界隈にあまり足を運ばなくなったこともあり、その店にも行かなくなってしまった。

この原稿を書くに当たって調べてみたら、店はまだ健在の様子。人の好さそうな大将はお元気だろうか。今度、久しぶりに訪ねてみたい。あのかわいそうな弟子は、たぶんもういないと思うけど。

29 品目 残業メシ格差

出版界には〝変人ワンマン社長〟みたいな人が少なからず存在する。角川春樹氏などはその最たる例だが、角川氏ほど有名じゃなくても、負けず劣らずの人はそこかしこにいるものだ。私がフリーになる前に勤めていた出版社の社長もなかなかすごかった。

まず、会社で犬を飼っている。それも豆柴とかトイプーではなくブルドッグだ。この時点で「ああ、あの会社ね」とわかる人にはわかってしまうが、そのブルドッグの名を仮に「ハンゾウ」としよう。ハンゾウは私が勤めていた頃すでにまあまあ老犬で、だいたいいつも社長のデスクの隣の寝床で寝ていた。しかし、残業中に小腹が空いてカップ麺など食っていると、匂いを嗅ぎつけて起き出してくる。

そこで「なんかくれ」と足をガブーと噛まれても、社員は「やめろよハンゾウ〜」とか言うだけで、振り払ったり、ましてや蹴り飛ばしたりはしない、というかできない。なぜならハンゾウは会長だから。登記簿上どうなってるかは知らないが、社内的にはそういうことになっていた。筆頭株主という噂もあった、いわゆる〝お犬様〟である。社長が床に寝転んで「ハンゾウかわいいねぇぇぇ♡」とムツゴロウばりになでくり回したりベロベロ舐められたりしているのも日常的光景だった。

夏場はステテコにランニングという裸の大将みたいなスタイルで社内を徘徊する社長。各雑誌の編集部に顔を出しては「おまえら誰のおかげでこんないい雑誌作れると思ってんだ？」と問う。すると社員は「○○さん（社長の名前）のおかげです！」と答える。そこで社長が「それだけか？」と更問いし、「ハンゾウさんのおかげです！」と返すまでがお約束。令和の今はもちろん、当時（平成初期）としてもかなりどうかしている。

女子社員を「おい、そこのブタ！」とか平気で呼んでいたし、アルバイト男子も「アルマイト！　牛丼買ってこい！」と弁当箱並みの扱い。傘下の編プロから社長のお眼鏡にかなって（かどうかは知らないが）移籍した形の私は、ある程度自由にやらせてもらっていたけれど、社長の命令は絶対で逆らうことは許されなかった。

それでも、出版人としては天才と言うしかなく、企画力や時代を読む目は素晴らしかった。先進的なアイデアの雑誌を創刊し、特集企画も自分で考え、時にはレイアウトも自分でやる。雑誌で仕掛けた流行の品を別会社で売る。「本当は全部自分でやりたいけど、手が回らないからおまえらにやらせてやってるんだよ」というのが社長の基本スタンスだった。

そんな会社に3年ほど勤めていたが、もろにバブルの時代だったにもかかわらず、給料は激安だった。毎月150~200時間は残業していたのに残業代はなし。その代わり「残業食事代」というのがあって、残業が3時間を超えた日数分、手当が支給された。

その額、一日500円。残業3時間なんて毎日余裕で超えるので、500円×25日で月に1万2500円。労働基準法的にどうなのか……と今となっては思うけれど、当時はもらえるだけでありがたかった。

しかしながら、500円で晩メシは食えない。コンビニのおにぎりとかカップ麺ならともかく、そのへんのお店に入れば普通に600~700円、どうかすると1000円以上かかってしまう。それでもコンビニより外食のほうが気分転換にもなる。よく行ったのは会社の真向かいにあった中華屋と徒歩3分くらいのリンガーハット。深夜まで開いているのがありがたかったし、そこそこリーズナブルなお値段で食べられる。リンガーハットの先にあった定食屋にもちょいちょい行った。

月刊誌をやっていた頃は毎月入稿〜校了時期の３日は必ず徹夜。当時の会社は歌舞伎町の外れのビルに入っていたのだが、同じビルに右翼団体の事務所も入っていて、深夜に食事や買い出しから帰ってきてエレベーターで同団体の構成員と思しきコワモテのおじさんと一緒になることもあった。ちょっとビクビクしていたら、先方も我が社が不夜城なのを知っていたらしく、「にいちゃんらも毎晩大変よな。無理すんなよ」と労ってくれたので、人を見かけで判断してはいけない。

そんなある日、会社から重大発表があった。なんと、残業食事代が５００円から７００円にアップされるというのである。これにはマジで小躍りした。７００円でも十分とは言えないが、アップ率にすれば４割だ。７００円×25日＝１万７５００円。月に５０００円の収入増は、当時の私にはとても大きかった。

その後、担当していた月刊誌が休刊になったのを機に会社を辞めてフリーになる。数字の上ではすでにバブルは崩壊していたが、まだまだ景気のよかった時代。翌年の年収は会社員時代の約2倍、その次の年には3倍以上になった。そして、ライター仕事をしていた「週刊ＳＰＡ！」に業務委託契約の編集者として籍を置くことになる。月刊誌と週刊誌では編集部の規模や体制も違うし、会社全体の規模も違ったので、機材や備品の充実度も違う。B3サイズのレイアウト用紙をそのままコピーできるマシンがあったのには驚いた（前の会社ではB4で片面ずつコピーしたのを貼り合わせていた）。

もうひとつ驚いたのが、残業メシだ。当時の編集部では、夕方6時ぐらいになるとバイトさんが出前の注文を取りに来た。中華屋や弁当屋のメニューから好きなものを注文できる。しかも、自腹ではなく費用は会社持ち。残業食事代が200円上がって喜んでいた身からすれば、夢のようなシステムである。

中華丼、肉ナス炒め定食、カレーチャーハン、日替わり弁当などをよく食べた。特別うまいわけではないが、何しろタダだし、「こういうのでいいんだよ」という味だ。ただ、普通に働いているクリスマスイブの日替わり弁当に鶏もも焼きが入っていたときには、うれしいような侘びしいような複雑な気持ちになったりもした。

しかし、上には上がある。同じ頃、文藝春秋の「マルコポーロ」の編集も掛け持ちしていて、校了時期の夜に編集部にいると弁当を取ってくれることがあった。それが「え、料亭の仕出しですか？」と思うほど豪華なものだったのだ。器も紙とかプラスチックじゃなくて重箱。「これ、本当にお金払わずに食べちゃっていいんですか？」と心配になったが、周りの社員編集者たちは当たり前のような顔で食べている。

犬が会長の会社では「よほど致命的な間違いでない限り、色校で色文字や抜き文字は直すな」と言われていた（細かい説明は省くが修正にお金がかかるという理由）。が、文春では別に間違ってないのにデザイナーの指示で色文字の書体を平気で変えたりすることがあり、お大尽だなあと思ったものだ。取材経費に関しても私のそれまでの常識とは全然違って、同じ出版社といっても階級の差があることを痛感させられた。

「ＳＰＡ！」の出前制度は、いつだったか忘れたが経費節減のため廃止され、私も契約を解除して久しい。「マルコポーロ」も編集長が花田紀凱氏に替わった時点で編集部を離れ、その後しばらくして休刊となった。犬が会長の会社は移転して、元の場所のビルも建て替わってホテルになっている。ストリートビューで見てみたら、よく行っていた中華屋はコイチになっていた。もちろん会長のハンゾウももういない。ハンゾウ崩御にまつわるエピソードや社長の武勇伝はほかにもいろいろあるのだが、それはまた別の機会に書ければと思う。

30 品目 よそンちの食卓はつらいよ

世の中にはホームパーティなるものを開いて他人を招いたり、他人が開くそれに招かれたりする人種がいると聞く。

……という書き方からおわかりのように、私はホームパーティなるものを開いたことがないし、招かれたこともない。そんなパリピな性格ではないし、そもそも友達が少ないので、まずそういう機会がないのである。小学生の頃に友達のお誕生会には行った記憶があるが、それはノーカンだろう。

パーティのように大勢が集まる形式でなくても、よそンちの食卓は苦手である。親族や友人の家でゲストとして食事をしたことは何度かあるが、どうにも居心地が悪い。店での外食なら「飲食店の客」としての振る舞いがベテランの域に達している私だが、よその家の食卓だと、どう振る舞えばいいのかわからないのだ。

よその家でもある意味「外食」だし、客は客に違いない。とはいえ、やはり飲食店とは勝手が違う。大人しく座っていればいいのか、少しは手伝ったほうがいいのか、手酌で酒を注いでいいのか、逆にお酌とかしたほうがいいのか、１個だけ残ってる唐揚げは誰が食べるのか。いろいろ考えてしまって、食べた気がしない。

そんな私が最高に戸惑ったのが、かつて某作家さんの家で食べた夕食である。その作家を仮に「鍵谷」と呼ぼう。鍵谷さんとはそれ以前から付き合いはあった。といっても、あくまで仕事上の付き合いで、何度か原稿を書いてもらったりしただけで、プライベートでの交流があったわけではない。その鍵谷さんのエッセイ集の編集を依頼された。某版元の旧知の編集者が担当していたのだが、鍵谷さんの加筆修正作業がさっぱり進まず、「何とかしてくれ」と私にお鉢が回ってきたのである。

ベースとなる原稿はあったので、まずはそれをチェック。章立てなど全体の構成を考えたうえで、修正や加筆が必要と思われる部分にコメントを付けたものを鍵谷さんに渡す。が、それで済むなら苦労はないわけで、いろんな連載で多忙な鍵谷さんは、いつまで経っても手をつけない。これはもう隣で見張ってやってもらうしかない。というわけで、昔の編集者のように鍵谷さんの家に詰めて、集中的に作業をしてもらうことになった。

何日か通って、いよいよこれでフィニッシュという日。いつもは夕食前には引き上げていたが、その日は最後ということもあり、「メシ食っていってよ」という話になった。その時点で原稿が上がっていれば「いや、急いで入稿しなきゃいけないので」とか言えたのだが、まだ少し作業が残っており、夕食後に仕上げてもらう段取りだったので、断るわけにもいかない。

やむなく（というとアレだが）鍵谷家の食卓にお邪魔する。鍵谷さん、奥さん、小学生の息子さん、そして私。アウェイ感満載である。当然のように酒を飲もうとする鍵谷さんを「まだ原稿残ってるんで」と制止するも、「ちょっとぐらい大丈夫だよ」と飲み始める。これだから原稿が遅れるんだよ、と思いつつも口には出さない。息子は息子で「誰だよ、こいつ」という目でジーッと見ている。

……ああ、早く帰りたい。そう思った私を誰が責められよう。あらかじめ予定された食事会のような席なら、それなりの心構えもあるし、ホストとゲストという役割分担もあって、少しはハレの空気がある。しかし、こういう完全に日常の食卓に、家族以外の人間が突発的に紛れ込むのはお互い違和感しかないだろう。

そしてもうひとつ面食らったのが料理である。カキのソテー、カキのグラタン、カキフライ……とカキ尽くしメニュー。「いや、実家からいっぱい送られてきてさぁ」と言う鍵谷さんは広島出身なのだった。カキなんて、そんなにいっぺんにたくさん食べるものじゃないだろうと思うのだが、広島ではこのぐらい普通なのか。

そういえば、学生の頃に福岡出身の山田（仮）の家で何人かで飲んでいたとき、そいつが「実家から送られてきたんで」と明太子を出してきたことがあった。立派な丸ごとのブツが数本、みっちり箱に収まっている。これは酒の肴には最高だ。じゃ、遠慮なくいただきまーす——といっても相手は明太子である。私を含め、みんなは箸でチビチビつまみつつ酒を飲む。ところが山田は、丸ごと一本の明太子をむんずとつまみ上げると、そのままかぶりついて一口で半分ほどを食べてしまったのだ。これには一同驚愕。明太子って、もっとチビチビ食うもんじゃないの？　そう問われても山田は平然とした顔で「ウチじゃ普通やけど」と言う。さすが福岡出身者は明太子レベルが違う！と感心したが、それが福岡の一般常識なのか、そいつの家だけなのかはわからない。

それぞれの家の食卓には、その家ならではの普通がある。味付けや量もそうだし、調味料のラインナップもそう。子供の頃は、夏休みに１週間くらい田舎（石川県の両親の実家）に送り込まれていたが、その食卓もカルチャーショックだった。特に父方の実家は農家で３世代同居だったため、大人数で囲む食卓に大皿に盛られたおかずが並ぶ。普段は自分ちの食堂のカツ丼やカレーライスや焼き魚定食なんかを食べている身からすると、切っただけのトマトが山盛りになってるのとか、意味がわからない。そのトマトがまた青臭くて子供の舌には合わなかったが、今なら野趣あふれる味と感じるのかもしれない。

……と、ここまで書いてふと気がついた。私がよそンちの食卓を苦手にする理由としては「自分で料理を選べない」というのもたぶんある。何をどの順番で食べるかは自分で決めたいのだ。外食でも基本はアラカルトで、コース料理はあまり好まない。まあ、温泉宿なんかの懐石コースは楽しいが、あれは温泉というシチュエーション込みのイベントなので、ちょっと別枠という気がする。

あと、これを言うとめっちゃ怒られそうだが、正直、素人の料理よりプロの料理のほうがうまい。もちろん例外はあるにせよ、よその家でお呼ばれすると、大してうまくもないものを「おいしいですねー♡」とかほめなきゃいけないのもつらい。ホームパーティとか好きな人は、そのへんどうなのか。本当においしい料理が出てきて、心から「おいしいですねー♡」と言っているのか。

いや、私だって出されたものは基本的にありがたくいただくし、おいしいものにはわりと素直に「おいしい」と言いますよ。特に妻の料理には積極的に「おいしい」と言っていくスタイルを採用している。が、それは本当においしいときに言ってるので、社交辞令としての「おいしい」はあんまり言いたくないなーと思うのだった。

31品目　大食いと早食い

新卒で入って10カ月で辞めた会社の近所に、Ｋ飯店という中華料理屋があった。一見普通の町中華だが、通りすがりにショーウインドウを見るとギョッとする。普通のラーメンやチャーハンなどのサンプルが並ぶ飾り棚の最下段に、枕かと見紛うような巨大餃子がドーンと鎮座しているのだ。

それが同店名物「ジャンボ餃子」である。餃子１００個分の材料で作ったビッグサイズで、お値段なんと９６００円！　ただし、１時間以内に一人で完食すれば無料＋賞品という大食いチャレンジメニューなのだった。

チャレンジメニューはほかに、普通サイズの餃子100個（9600円）、一升チャーハン（5840円）、ジャンボラーメン3杯（1890円）がある（値段は2023年時点）。値段的にもボリューム的にも、一番ハードルが低いのはジャンボラーメン3杯だろう。続いて一升チャーハン、餃子100個の順で、ジャンボ餃子は最難関と思われる。何しろ重量2・5kg、皮の厚さが2～3cmもあるというから、箸では食べられない。たぶんナイフで切るのだろうが、その作業だけで疲れそうだ。

もちろん私はそんなジャンボメニューにチャレンジする気は毛頭なく、ときどきランチタイムに訪れてタンメンとか中華丼とか肉野菜いため定食とかを食べていただけである。が、ある日、ふと壁に貼られた完食者リストを見ていたら、一升チャーハン完食者の中に知っている名前があって、「おおっ！」と一人で盛り上がった。

「法政大学・猪俣隆」

そう、1986年秋のドラフトで我らが阪神タイガースに1位指名されたサウスポーだ。といっても古株の阪神ファン以外は「誰それ？」って感じだろうが、東京六大学野球で通算20勝7敗、防御率1・87、180奪三振という実績を引っ提げて入団してきた期待の星である。しかも私とは同い年であり、立場は違えど大卒新人として社会に出た1年目同士。その猪俣が学生時代にこの店で一升チャーハンを完食したのかと思うと感慨深かった……というのはウソで、当時の感想は「猪俣、食いすぎ！」というものだった。

まあ、スポーツ選手が大食いなのは当然としても、世の中には見かけによらず大食いな人がいる。いわゆるフードファイター的な人だって、ジャイアント白田は体もデカかったが、小林尊やギャル曽根なんかは、見た目は普通というかシュッとしたイケメンとギャルで、とても大食いには見えない。そういう人がすごい量をすごい勢いで食べるからこそ驚きがあり、エンタメとして成立したのだろう。

かつて某編集部の同じ班にいた女性編集者も、見かけによらず大食いだった。どちらかといえば小柄な部類で、大人しい感じ。班のメンバーで食事や飲みに行っても、あんまりしゃべらない。しかし、後半になればなるほど存在感を増すのは、その食いっぷりゆえだ。とにかく黙々とひたすら食っている。大皿に残った料理を「これ食べちゃっていいですか？」と片っ端から食べ尽くす。こういう人が一人いると、注文時にあれもこれもと欲張って頼んでも残さずに済むという、大変ありがたい存在だった。

それこそ「大食い番組出られるんじゃないの？」と周りは冗談半分で言っていたが、彼女の場合、量は食べるがスピードはないので、テレビ向きではない。その代わり、いつまでも無限に食べている。彼女の口から「もうお腹いっぱいです」という言葉を聞いたことがない。早食いではないが、大食いであることは間違いない。

しかし、世間で「大食い」と言うときには「早食い」要素も含んでいることが多い。大食い番組は、たいてい制限時間内にどれだけ食べられるかを競うものだし、K飯店のチャレンジメニューも1時間という制限時間がある。それがなければ彼女なら餃子100個ぐらいは完食できそうな気がする。

一方、私はといえば、大食いではまったくないが比較的早食いではある。今は胃腸のことを考えてよく嚙んで食べるよう心掛けているが、若い頃は昼メシなんて飲み込む勢いで5分か10分で終わらせるのが常だった。嚥下力も今と違って優れていたので、味噌汁やスープなどなくても平気。何なら水やお茶も必要ないくらいだった。というか、私に限らず30代ぐらいまでの健康な男子はだいたいそんなもんだろう。

そんな30代も終わりの頃。当時担当していたゲッツ板谷さんの『出禁上等！』という連載の取材で「わんこ豆腐早食い大会」に出場したことがある。伊勢原市の名物イベント「大山とうふまつり」の一環で、90秒間に豆腐を何杯食べられるかを競う。1杯分の豆腐は4分の1丁で、食べ終わると同時に注ぎ足されるわんこそば方式だ。

もちろん主役は板谷さんだが、ネタとして担当編集もやらないわけにはいかない。豆腐なんてほぼ液体みたいなもんだし、ツルツル飲み込めばナンボでもいけんじゃね？　と思っていたら大間違い。豆腐といえども飲み込むのはそれなりに大変で、3杯目ぐらいまでは快調だったものの、意外と腹にも溜まってくる。結局6杯で制限時間が来てしまった。

そして、私の次の組に登場した板谷さんは見るからに食いしん坊なデブキャラなため、取材のカメラが「こいつはやりそう！」と寄ってくる。が、健闘むなしく７杯でフィニッシュ。１杯が４分の１丁だから、７杯なら２丁弱。時間があればもっと食えるかもしれないが、早食いでは豆腐もなかなか手強いのだ。

優勝は25杯を食べた男性だった。15杯ぐらいまでいく人はそこそこいたものの、25杯はレベルが違う。私は知らなかったが、板谷さんによるとフードファイターの誰かだったらしい。プロが地域のイベントに出てくるなよとも思ったが、当時は早食いバトルを真似た中学生が窒息死した事件の影響で大食い番組が自粛されていた時期で、賞金稼ぎのために参加していたのかもしれない。

新卒で入った会社を辞めてからもう35年以上になる。幸い今も編集・ライターとして仕事ができているが、フードファイターはどうなのだろう。体力勝負という点では、もちろんプロ野球も厳しい。学生時代に一升チャーハンを完食した猪俣隆のプロ通算成績は、実働９年で43勝63敗３セーブ、防御率３・68。微妙な数字ではあるが、暗黒時代の阪神タイガースにあって、93年には11勝しているのだから立派なものだ。引退後はなぜかアメリカで寿司職人となり、２０１７年の時点ではワシントン近郊の寿司屋で働いていたらしい。

ちなみに、Ｋ飯店のほうは今も健在。ジャンボ餃子は、チャレンジじゃなくても予約して料金を払えば制限時間なしで何人がかりで食べてもいいらしい。機会があれば、某編集部時代の同じ班だった連中を誘って行ってみたい。食べ切れなくても無限に食べ続ける彼女がいれば大丈夫……なはずである。

32 品目 BGMも味のうち？

そのバーでは、閉店時間が近づくといつも同じ曲が流れてきた。しわがれ声のおっさんが英語で歌うブルージーな曲。あいにくヒアリング能力ほぼゼロなので何を言ってるかはよくわからないが、いい曲だなとは思っていた。

「いつもかかってるこの曲、何ですか？」

ある日、マスターに聞いてみた。そこでマスターが「ああ、これだよ」と見せてくれたCDのジャケットには、ピアノに寄りかかった巻き毛の男の写真と「TOM WAITS／CLOSING TIME」の文字が……。なるほど、だから閉店時間に流すのか。さすがマスター、バンドをやってるというだけあって洒落た選曲だな、と感心すると同時に、そこで初めてトム・ウェイツというミュージシャンを知ったのだった。

それは、まだ20代前半の話。就職希望の出版社をことごとく落ち、唯一内定の出た教育系出版社に入ったものの、実際に作っていたのは訪問販売の英会話教材や幼児教材で、こりゃダメだと10カ月で辞めて、新聞の求人欄で見つけた編プロに転職したりしていた頃に足繁く通っていたのがそのバーだった。

バーボン推しのオールドアメリカンな雰囲気の店で、主にジャズやブルース、R&Bが流れていたように記憶する。夜な夜なカウンターに陣取って、最初はビール、そのあとはボトルを入れてあるフォアローゼスをロックで飲むのが当時の私のお決まりパターン。若くて元気だったのでボトル半分くらいは余裕、調子に乗ると1本空けてしまうこともあった。もちろんそういう日の翌朝は、ひどい二日酔いに苦しむことになるのだが。

2軒目ではなく仕事帰りに食事がてら寄ることが多かったので、たいていフードも注文した。まずは野菜スティック。そして、かなりのヘビロテで食べていたのがソーセージとザワークラウトの煮込みである。ザワークラウトも、その店で初めて知ったのだと思う。もともとソーセージは大好きだが、ザワークラウトと合わせるとさらにうまい。ビールやバーボンとの相性もバツグン。これを発明したドイツ人すごい!と思った。

マスターのほかに劇団員のバーテンダーもいて、その人の出る舞台を見たのがきっかけで小劇場にも通うようになった。演劇関係者も結構来店していたのだろう。いつだったかカウンターの一番奥に、顔は伏せがちで太縁のメガネをかけていながらも美女オーラ出まくりの女性客がいた。あとで聞いたら、なんと松坂慶子だというではないか。その日その時間のカウンターには私と彼女しかいなかったので、つまり私は松坂慶子（当時30代半ば）とサシで飲んだと言っても過言ではないのである。

下北沢の外れにあったその店は、今はもうない。が、そこで出会ったものは松坂慶子以外にもいろいろある。「これ、飲んでみる？」と半笑いで出された〝フィリピンのバーボン〟と称する酒はやけに薬くさく、一杯飲んだだけで超悪酔いした。あれは一種のバッドトリップだったのかもしれない。ＢＧＭでは、トム・ウェイツのほかにも初めて知ったミュージシャンが何人かいる。洋楽には疎かったので、当時流行っていたマイケル・ジャクソンとかワム！とかスティービー・ワンダーとか、それこそビートルズとか、聴こうとしなくても自然に耳に入ってくるものは別にして、マーヴィン・ゲイやオーティス・レディングやジミー・スコットを知ったのもあの店だった。

チェーン店や大衆的な居酒屋だと、有線放送やラジオが流れていることが多い。その点、個人経営で小規模な飲み屋やバーでは、店主の趣味が露骨に出る。昔なら店主所有のレコードやＣＤ、最近ではＰＣやスマホからプレイリストの楽曲を流していることが多いが、不思議なものでBGMの趣味が合わない店とは味の好みも合わない気がするのだ。

近所に昭和歌謡が流れる居酒屋とJ-POPが流れる焼き鳥屋があるが、前者はおいしく後者はイマイチに感じる。アメリカンロックがかかるカフェレストランはステーキやハンバーグが売りで、悪くはないがちょっと大味。しかも、途中でオーナーが変わったのか、全体的にどんどん雑になってきて、ついにある日、サラダのアボカドがまったく熟していないカチカチ状態で出てきたのに呆れ、行かなくなってしまった。そうかと思うと、なぜかボブ・マーレーとビートルズカバーばっかり流すビストロもあって、楽曲も料理も好きは好きだが飽きると言えば飽きる（いつも同じようなものばかり注文するこっちの責任もあるのだが）。


前述のように、店でかかっている曲のタイトルや歌手名を聞くことは今もたまにある。それ自体は別に恥ずかしいとは思わない。知らないものは知らないのだから、素直に聞けばいい。とはいえ、それはちょっとどうなのか……という場面に遭遇したことはある。

あれは何年前だったか、ロックバー的な店のカウンターで飲んでいたときのこと。同じくカウンターで飲んでいたおじさんが、若いバーテンダー（マスター？）相手にロックのうんちくをゴキゲンで語っていた。年齢は私よりちょっと上ぐらいの感じ。子供の頃にウッドストックの記事や映像をリアルタイムで見た可能性のある年代だ。そりゃロックにも詳しかろう。バーテンダーのおにいさんも適当に相槌打ちながら聞いている。

と、そのとき、店内のＢＧＭが新しい曲に変わった。印象的なドラムのイントロからソウルフルな女性ボーカルが弾け出す。そこでおじさんいわく、「お、いい曲だね。これは誰が歌ってるの？」。

危うくウイスキーを誤嚥するところだった。なぜって、その曲は私でも知ってる世界的な名曲、ジャニス・ジョプリンの「Move Over」だったのだ。さっきまであんなにうんちく語ってたのに、こんな有名な曲を知らないってことある？　冗談で言ってるのかとも思ったが、どうやら素で質問したらしい。聞かれたバーテンダーのほうもマジレスしていいのかどうか迷った様子で、「あ、えーと、ジャニス・ジョプリンの『Move Over』って曲ですけど……」と答える。おじさんは「へえー、そうなんだー」と悪びれる様子もない。そこで動じないということは、ジャニス・ジョプリンの名前も知らなかったのだろうか。

横で聞いてるこっちのほうが動揺してしまったが、おじさんのマイペースぶりは見事だった。うんちく語りもマウンティングという感じではなく、一人でしゃべってゴキゲンだったので害は少ない。飲むと語りたくなる〝うんちく上戸〟なのか。なぜジャニスを知らなかったのかは謎だが、そういう謎に出会えるのも酒場の魅力のひとつ。いい酒と料理、いい音楽、いいネタを求めて、今夜も飲みに出かけよう。

第3章

外食の流儀

33品目 大盛りはうれしくない

神保町の喫茶店で打ち合わせが終わったのが午後2時前。さて遅めの昼メシを食うか、ということで久しぶりにスマトラカレーで有名な店に向かう。お昼のピーク時には行列必至の人気店だが、時間帯的に混雑もなくすんなり入ることができた。

メニューは、ポーク、チキン、エビ、ビーフ、タン、ハヤシの6種類。ちょっと迷ったが、この日はポークを選ぶ。先にスープが出てきて、ほんの2分もしないうちにライスと銀のポットに入ったカレーが運ばれてくる。実にスピーディで気持ちがいい。

が、目の前に置かれたライスの皿を見て「あ、しまった！」と心の中で叫ぶ。ライスの量が多いのだ。前に来たときも思った気がするが、ずいぶん久しぶりなので忘れていた。このボリュームがうれしい人もいるだろうけど、私には多すぎる。こんなことなら注文時に「ごはん少なめで」と言えばよかった。あらためてメニューを見てみると、ライスは「普通／Regular￥0　中／Medium＋￥60　大／Large＋￥１１０」の3種類で「小／Small」の表示はない。普通でこの量なら、大はどんだけあるのか。

周りに大を頼んでいる人がいなかったのでわからないが、私のあとに入ってきた若い男女2人組に店員が「ライスは普通でよろしいですか？」と尋ねていた。たくさん食べそうな若い人には確認するのだろうか。私にも聞いてくれれば、「あ、少なめでお願いします」と言えたのに……などと思いつつ食べ進む。辛さのなかに独特の苦味と旨味が溶け込んだカレーはおいしかったが、案の定ライスは食べきれず少し残してしまった。無念……。

隣のテーブルの60代後半ぐらいの男性も半分近く残していて、「やっぱ多いですよねー」と心の中で握手を求める。一方、連れの女性（たぶん奥さん）のほうはほぼ完食していた。すごいなーと思ったが、別のテーブルに座った新規客の女性の注文を「エビ、ご婦人～」みたいに通していたので、もしかしたら女性客にはライスの量を減らしているのかもしれない。細やかな配慮とも言えるけど、その女性がギャル曽根だったらどうするのか。前述の男女2人組の場合は、女性でも若いから念のために聞いたの？　どうせなら老若男女問わず、注文時に「ライスは普通でよろしいですか？」と聞いてほしい。

まあ、今回は自分もうっかりしていたが、初めての店だと「普通」のごはんの量がわからないことが多い。学生や若いサラリーマン相手の定食屋なら、もう最初から「ごはん少なめで」と頼んでしまう。そういう店は「おかわり一回無料」みたいなサービスがあったりするので、もしも足りなければおかわりすればいい。逆にオシャレなカフェ的なところだと、標準量でも「え、これだけ？」みたいなこともあるので、兼ね合いが難しい。そもそも「普通」とは何か――などと、哲学的方向に思考が飛びそうになる。

その点、ごはんの量をメニューに明記してくれている店はありがたい。最近お気に入りの下北沢のカレー屋は、「普通」が２５０グラム。そんなには食べられないので、いつも「小」１５０グラムを選ぶ。それより少ない「極小」１００グラムというのもあるが、さすがにそれだと物足りない。本当は１８０グラムぐらいがちょうどいいのだが、わがままは言うまい。ちなみに「大盛り」は３５０グラムで、その上に「なまら盛」４５０グラムというのがある（北海道発祥の店らしい）。こんなの誰が食べるんだ、と思っていたら、体格もファッションもスギちゃんみたいなおにいさんが食べていて納得した。

「いや、４５０グラムぐらい軽いっしょ」という人は、スギちゃん以外にもいるだろう。しかし私は、カレーに限らず「大盛り」というものを頼んだことがない。50代の今はもちろん、人生で一番食欲があるはずの高校・大学時代にも記憶にない。「おかわり」なら「少しだけください」と言ったことはある。が、最初から大盛りを頼むのはリスクが大きい。食べ物を残すのに罪悪感があるので、〝大盛りを頼んでおきながら残す人〟になってしまったら恥ずかしいし、お店の人にも申し訳ないと思うのだ。

そこで恐ろしいのは、デフォルトで大盛りの店である。そういう店はだいたい雰囲気でわかるので避けるようにしているが、たまに油断しているとトラップに引っかかる。今まで一番「やられた！」と思ったのが、20年以上前に出先で入った喫茶店だ。外観はパステル調で、明るい感じの普通の喫茶店。駅まで戻る途中にラーメン屋や焼き肉屋があるのは確認済みだったが、コーヒーを飲みたい気分もあり、「ここでいいや」と入ったのだった。

店内も特に変わったところはない。メニューも普通で、食べ物はカレー、オムライス、ピラフ、ミートソース、ナポリタンといったところ。その日は何となくピラフを選んだ。待つことしばし、出てきたブツを見て我が目を疑う。

壁だった。大きな皿にピラフの壁がそそり立っている。高さにして10センチ以上は余裕であっただろう。幅は皿の直径ギリギリ。壁の向こうには山盛りの千切りキャベツが鎮座していた。これで普通盛り？　「しまった」と思うより先に笑ってしまう。白いごはんなら手をつける前に減らしてもらうこともできるかもだが、ピラフではそうもいかない。心を無にして、ひたすら食うべし、食うべし、食うべし！

しかし、食っても食っても減らないんだ、これが。登っても登っても8合目に着かなかった富士登山を思い出す。そういえば名古屋の名物喫茶店「マウンテン」の山盛り変態メニューに挑戦するのを「登山」と呼ぶらしいが、この店のピラフも私にとってはアイガー北壁みたいなものだった。とはいえ、ベルリンの壁だって崩れたんだから、あきらめたらそこで試合終了だ。食べ続けていれば、やがて希望が見えてくる。半分を過ぎたあたりから不思議と減りが早く感じる。まだ多少は若かったこともあり、何とか完食に成功した。お腹はパンパンで、しばらく動きたくない、というか動けない。食後のコーヒーをちびちび飲みながら、こなれるのを待つ。そうこうしているうちに、カランカランとドアベルを鳴らして新規客が入ってきた。「どこのラグビー部ですか？」と聞きたくなるような男子2人組。そして、彼らが注文したのはカレーとオムライスの「大盛り」だった。

運ばれてきたのは、大皿いっぱいのビッグマウンテン。壁×2ぐらいのボリュームだ。これを食うのか⁉　と驚嘆する私の視線など気にも留めず、彼らはブルドーザーのような勢いで山を切り崩していく。「登山」ではなく「開発」という言葉が頭に浮かぶ。このパワーにはとてもじゃないが太刀打ちできない。生物としての何かが根本的に違う。彼らがペロリと平らげるのを見届けてから店を出た私は、謎の敗北感に包まれていた。

34品目 取り皿問題

さて、ここで問題です。取り皿を頻繁に交換してくれる店と、そうじゃない店——あなたはどちらが好きですか？

アンケートを取ったら前者を支持する人が多そうな気がするが、私は後者のほうがいい。もちろん料理の種類にもよるけれど、大して汚れてもいない皿をいちいち取り替えられると、なんだか申し訳ない気持ちになってしまう。ウチの近所の台湾料理の店もそうだが、中華系の店だと、取り皿が山積みになっていて使い放題だったりする。そこで遠慮なしに一品ごとに替える人を見ると気が気じゃなくなる。

だって、それお店の人が洗うんでしょ？　ムダに洗い物増やしてどうすんの？　大きい店なら洗い場専門の人がいるだろうけど、少人数で回してる店だと大変よ？　水資源のムダ遣いになるし、地球にも優しくない。いやまあ、自分も全然エコな人間ではないのだが、どうしても「もったいない！」と思ってしまうのだ。

ところが、雑誌「Precious」のウェブ記事「和食、中華、ビュッフェでの『取り皿』のNGマナー12選」で、マナー講師がこんなふうに語っている。

〈1回の食事で多彩なメニューを楽しめる中華料理では、一品ごとに取り皿を取り替えるようにしましょう。／「そんなに汚れていないから」「洗い物を増やさないように」などと余計な気を回して1枚を使い続けると、味が混じって本来のおいしさが損なわれてしまいます。そうなると、「最高の料理でおもてなしをしたい」というお店の人に対しても失礼に当たりかねません。／遠慮せずに、取り皿はどんどん交換するようにしましょう〉

ええー、そうかなあ。そりゃ、棒棒鶏と酢豚みたいに温度も味付けも全然違う料理を同じ皿で食べるのはどうかと思うけど、似たような系統の料理、たとえば塩味ベースの炒め物同士とかなら別に同じ皿でいいんじゃないの？　ていうか、エビチリ食べた皿に炒飯入れて食べたら、むしろうまいのでは？　なんて思うのは育ちの悪い証拠だろうか。

そういえば、グルメマンガの先駆け『美味しんぼ』（作：雁屋哲・画：花咲アキラ）に、

取り皿問題

取り皿で揉めるシーンがあった。横浜の中華街に出かけた山岡士郎、栗田ゆう子ほか東西新聞の面々は、行列のできる有名店に入る。注文したのは、アワビのゴマソース煮込み、車エビのチリソース、牛肉とニンニクの芽のいため物。料理が出てきて、みんなが食べようとしたところで山岡が「取り皿が足りないんだけど……」と言う。しかし、感じの悪いウェイトレスは「うちはみんな一人一枚でやってもらうことになってますから」と取りつく島なし。山岡は「何っ⁉　ゴマソースの物もチリソースの物も同じ皿で取れって言うのかっ‼」と激怒するのだった。

取り皿そんなに替えなくていい派の私も、ここは山岡に賛成だ。いくらなんでも中華料理で一人一枚はないだろう。そのウェイトレスは、家族連れの注文に対し「メン類はバラバラに注文しないで。メン類は安いんだから、何種類も注文されると面倒なの。一グループ一種類にしてくれないと受けられないわけ」と言い放ち、それを聞いた山岡は「こんな店では何も食べちゃいけない、うまいとか、まずいとかいう以前の問題だ！」と席を立つ。「マスコミに取り上げられたくらいでいい気になって、客を粗末にするような人間の作る物は、食べる価値がないっ‼」という捨てゼリフには、激しく同意する。言うに事欠いて「面倒」って。どんな店でも、最低限のホスピタリティは必要だ。

しかし、ホスピタリティが行き届きすぎているのもまた痛しかゆし。ホテルの立食パーティとかでは、まだ食べるつもりの皿をテーブルに置いたまま、お酒を取りに行って帰ってきたら、もう片付けられてるという事案が発生する。まったく油断も隙もありゃしない。『北の国から』の黒板五郎なら「まだ食ってる途中でしょうが！」とキレるところだ。

フレンチやイタリアンのコースなら、一品ごとに別の皿に盛られて出てくるので、それは取り皿を交換するのとはちょっと違う。下げるときも、たいてい「こちらお下げしてよろしいですか」と確認してくれるのでありがたい。居酒屋なんかだと、まだちょっと残ってる皿を問答無用で下げられそうになって、「あ、それまだ食べます」と言ってしまうことがある。そこはやはり「こちらお下げしてよろしいですか」と聞いてほしい。

居酒屋といえば、店によっては日本酒の銘柄が変わるたびに新しいお猪口に取り替えてくれることがあるが、あれもわざわざ替えなくてもと思う。なので、自分はだいたいいつも「そのままでいいです」と言うことにしている。

ワイングラスも、さすがに白から赤に替えたときは取り替えてほしいが、そうでなければ別に同じグラスでかまわない。こちとらソムリエじゃないんだから、そんな繊細な舌は持ち合わせていない。何を飲んでもだいたいうまいし、酔いが回ってくればなおさらだ。ワインの場合、複数の品種のブドウをブレンドして作ることもあるんだから、ちょっとぐらい混ざったって問題なし！

その点、渋谷の某うなぎ屋は潔い。「冷酒の升グラスは銘柄が変わっても変更致しませんのでご了承ください」とメニューに明記してあるのだ。それなりにこだわりあるっぽい酒が置いてあるのに、このグラスへのこだわらなさが素晴らしい。串焼きがメインなので、取り皿もなし。「食べログ」の口コミで「取り皿をお願いしたが、出してもらえず」と書き込み、「接客は×」としている人がいたが、気取った高級店じゃないんだから、そこはそういう店として割り切ろうよ。接客自体は、すごく丁寧ではないにせよ、テキパキしていて気持ちいいと個人的には思っている。

どうしても取り皿を使いたければ、お通しで出てくる大根千切りの小皿を流用すればいい（取り皿としては小さいが）。それか、いっそのこと〝マイ箸〟みたいに〝マイ取り皿〟を持ち歩いてはどうか。ジップロックに入れておけば使用後の持ち帰りも大丈夫。このご時世、感染症対策としても安心だ。お店の人に変な目で見られるかもしれないが、取り皿にこだわる人にはおすすめしたい。

35 品目 デザート嫌い

姫野カオルコさんの『ケーキ嫌い』（光文社文庫／２０２２年）を読んだ。食にまつわるエッセイ集だが、これがめっぽう面白い。ただ面白いだけでなく、我が意を得たりとひざを連打する場面が多数ある。たとえば「好きな食べ物・嫌いな食べ物」の項で、嫌いなものの筆頭に「アスティと回転寿司のエンガワ」を挙げているのには、深くうなずきつつ「そうきたか！」と感心もした。

アスティというのは甘ったるいだけのスパークリングワイン（もどき）で、〈あれが私は、グラス一杯も飲めない。ひとくちで降参だ〉と姫野氏は言う。回転寿司のエンガワ（と称するもの）も同じく〈ひとくちで降参だ。不審な生臭さがするのだが……〉と記す。言われてみればまったくそのとおりで共感しかないし、ピンポイントでこの2つがすっと出てくる記憶の引き出しの滑らかさが素晴らしい。

「酒飲みと、飲まない人は、味の好みが根本的に違う」の項にも全面的に同意する。〈左党＝酒といっしょに食べておいしいように、まず考える。下戸＝ごはんと食べておいしいように、まず考える〉というのは本当にそう。酒を飲まない人に「あそこはおいしいよ」とおすすめされた店は（自分にとっては）だいたいイマイチだ。

飲食をテーマにした雑誌からの〈あなたにとって《いい店》とは、どんな店ですか？〉との質問に対する〈まとわりつかない店〉という回答もよくわかる。姫野氏自身は禁煙の店にしか行かないが飲食店全部を禁煙にする必要はないという主張にも賛成だ。もちろん食の嗜好は人それぞれなので、「さかのぼりコース和食」（和食コースを通常とは逆に揚げ物からスタートする）の提案やポテチへの偏愛など、首肯しかねる部分も少なくないが、「この人と飲みたい！」と思わせるには十分な魅惑と刺激に満ちたエッセイ集であった。

なかでも他人事と思えなかったのが、表題にもなっている「ケーキ嫌い」の項である。

著者がまだ若く貧しかった時代、安くておいしい日替わりランチ目当てに通っていた喫茶店で人の好い店主ご夫妻がサービスとして出してくれるケーキ。幼い頃、学校行事の準備の手伝いをしたごほうびに先生がくれたクリームパン。作家となった今、手土産として渡される菓子折り。気持ちはありがたい。が、著者にとってそれらは困惑のタネでしかない。なぜならケーキ類が嫌いだから……。

そういった場面で「ケーキは嫌いなんです」とはなかなか言えず、ちょっとずつ口に入れては水で流し込んだり、食べたふりしてポケットにねじ込んだりしてきた著者は訴える。なぜ世間の人は「ケーキが嫌いな人もいるかもしれない」と考えないのか、なぜ「女の人はケーキが好き」と思い込んでいるのか、と。

これには頸椎ヘルニアを発症しそうなくらいうなずいた。世の中にはケーキ好きな男性もいるし、近年は「スイーツ男子」なんて言葉もあるぐらいだが、私個人は姫野氏同様ケーキは嫌い――というか苦手である。特に生クリームがダメで、食べると脂汗が出て気持ち悪くなる。カスタードやバター系はそうでもないしチーズやヨーグルトは好きなので別に乳製品アレルギーとかではないと思うのだが、とにかく生クリームを使ったケーキは食べたくない。それ以外のケーキも積極的には食べたくない。

まあ、立場的に手土産でケーキをもらうようなことはほとんどないが、困るのはランチサービスやコース料理のデザートとしてケーキ的なものが出てくるケースである。生クリームを使ったケーキじゃなくても、いわゆるスイーツ的なものが最後に出てくることは多い。フレンチやイタリアンだけじゃなく、和食でも何かしらのデザートが出てくる。

あれはいったい何なのか。先日、コロナ以降久しぶりの温泉旅行に行ったのだが、そこでも夕食の最後にデザートが出た。品書きによれば「果実県産ワインジュレ掛け　有の実　マンゴー　キウイ　ラズベリー　ミント　冷やし白玉汁粉」（「有の実」は梨の言い換え）。果物はまだしも冷やし白玉汁粉はよけいだろう。

同じく先日出席した姪の結婚披露宴の食事は和洋中華折衷メニューで個々の料理はおいしかったが、「鯛飯　赤出汁　香の物」のあとに「赤い果実とピスタチオのパルフェグラッセ」なるものが出てきて、隣の席の妻に丸投げした。

「甘いものは別腹」とよく言うが、私の腹はひとつしかない。甘いものを入れる余裕があるなら、残しがちなごはんや香の物を入れたいし、お酒ももっと飲みたい。腹と同様、口もひとつしかないので、甘いものなんかを入れたら、せっかくのおいしい料理やお酒の余韻が台無しになってしまう。ああ、もったいないもったいない。

それでも、果物やシャーベットならまだ許せる。果物は料理に使われることもあるから料理の延長と思えなくもないし、シャーベットは凍った飲み物と思えばいい。しかし、ケーキや和菓子の類は本当に勘弁してほしい。小腹が空いたときにおやつとして食べるならともかく、なぜ食後にそんなものを食べなきゃいけないのか。

いや、別に食べたい人が食べる分にはいいんですよ。ただ、それが当たり前のようにコース料理の最後に出てくるのがどうにも解せない。機内食で肉か魚かを選べるように、できればデザートも選択式にしてもらえるとありがたい。「あり／なし」の二択でもいいが、もしスイーツ類の代わりに何かを選べるとすれば何がいいか。

フレンチやイタリアンなら、やはりチーズだろう。青カビのきついやつは実はちょっと苦手なのだが、生クリームよりはいい。カマンベールなどの白カビ系かウォッシュタイプをアテに赤ワインをもう一杯いただきたい。和食だったらカラスミやコノワタなどの珍味系で、お酒をもう一杯。……要するにアンタ、飲みたいだけじゃん、と言われれば返す言葉もないのだが、酒飲みとはそういうものである。もうちょっとデザート感のあるものということなら、お新香とかピクルスでもいい。

ちなみに、ツイッターで「（食後のデザート的な）甘いものは別腹ですか？」と聞いてみたところ、「別腹」54・5％、「同じ腹」35・7％、「甘いものは食べない」9・7％という結果だった（投票数277）。「別腹」は生粋のデザート好き、「同じ腹」は嫌いじゃないけどそんなには食べられない人、と解釈できよう。私と同じくデザート嫌いと思われる「甘いものは食べない」人はやはり少数派。そりゃコースにデザートが組み込まれているのもむべなるかな。が、この多様性の時代、少数派にもご配慮いただければ幸いです。

36 品目 お熱いのはお好き?

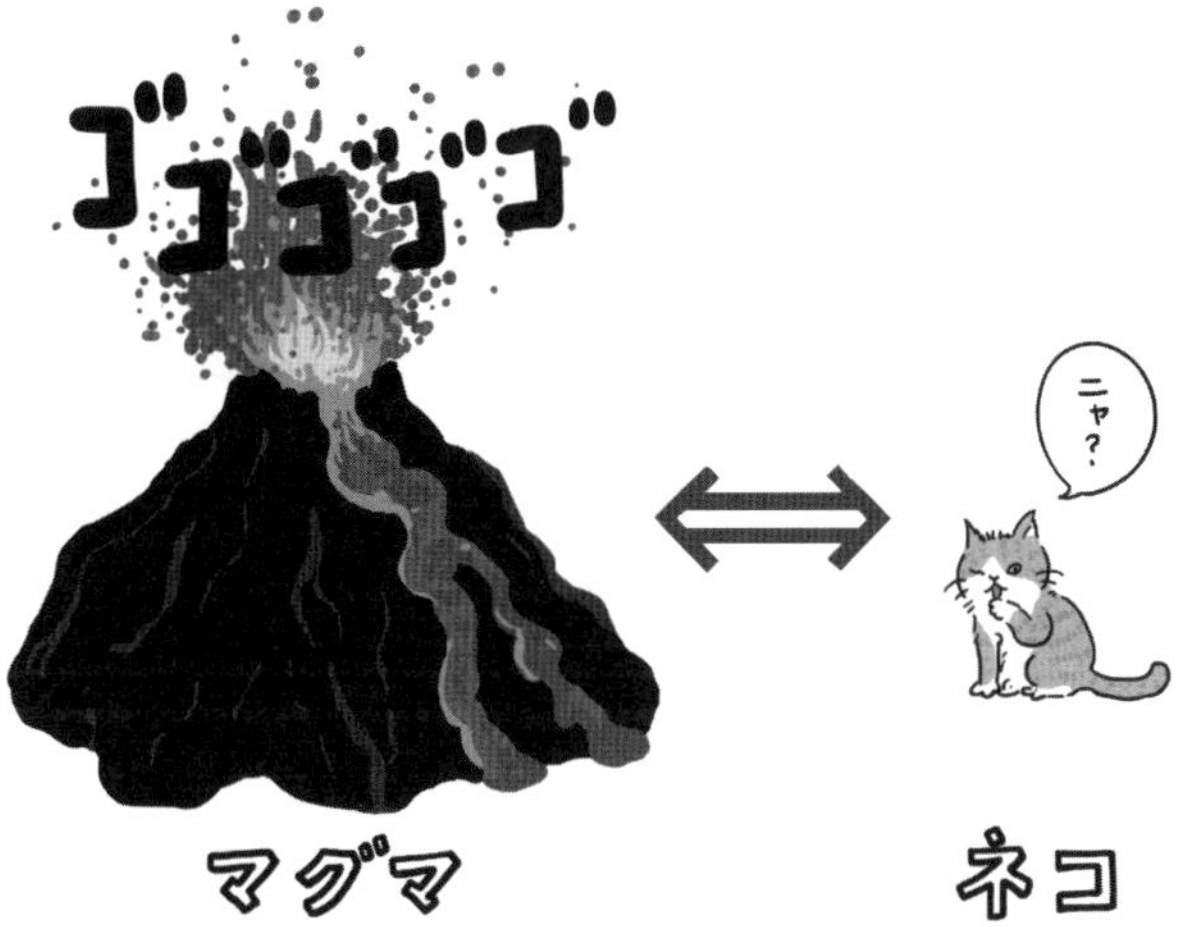

アメリカやヨーロッパの映画を見ていると、食事シーンに違和感を覚えることがある。メジャーなところでは『未知との遭遇』（アメリカ／1977年）で、主人公のロイ（リチャード・ドレイファス）が夕食時にマッシュポテトを大量に皿に盛って何かの形を作ろうとする場面。謎の飛行物体に遭遇して以来、度重なるロイの奇行に家族は呆れかえり悲嘆に暮れるのだが、それより私が気になったのは、その食卓である。画面で確認できるのは、マッシュポテトとパン（らしきもの）と牛乳だけ。テーブルにはフタ付きの鍋も置かれているが、誰もそこから何

かをよそったりしない。スープ的なものが入っているのかもしれないけど、朝食ならまだしも夕食としてはあまりに寂しくないですか？

『鉄道運転士の花束』（セルビア・クロアチア合作／２０１６年）では、定年間近の鉄道運転士が、養護施設を抜け出し線路を歩いているところを保護した少年に食事を提供する。チーズ、パプリカ、イワシ（オイルサーディン？）、パンとラズベリージャム。……いや、悪くはないけど季節的にも寒そうだったし、そういうときは温かいスープとか出すものじゃないの？　時代設定は現代であり、一応カップに入ったミルク（もしくはカフェオレ）もあったけど、湯気は出ていなくて冷たそうだった。

ほかにも例を挙げようと思えばいろいろあるが、欧米映画で見る食事シーンには基本的に温度が感じられない。マッシュポテトやチーズなんかは言うまでもなく、スープやシチュー的なものが出てきても、あんまり熱そうじゃない。ロンドンのレストランを舞台にした『ボイリング・ポイント／沸騰』（イギリス／２０２１年）では、クリスマス前の金曜日のてんてこ舞いの厨房の様子が描かれ、その部分は（比喩的な意味で）激熱なのだが、出てくる料理自体はそれほど熱々には見えない。もちろん例外はあるにせよ、どうも欧米の人は料理の温度に対するこだわりが薄い気がするのであった。

それに比べて、日本や中国では温度を重視する。中華料理は炎の料理と言われるぐらいだし、小籠包なんて熱々爆弾みたいなものだ。同じアジアでも韓国やタイだと熱さより辛さが前面に出てくるが、それでも基本は熱々である。日本料理においては、熱いものは熱く、冷たいものは冷たい状態で供するのが理想。お刺身を氷の上に盛ったりするのもそうだし、温泉旅館などでよくある固形燃料の一人鍋や一人鉄板焼きは、その最たる例だろう。故・上島竜平のおでん芸も、おでん＝熱々という共通認識があってこそ成り立っていた。ひもを引っ張れば温まる駅弁なんてのも、日本ならではの発明ではないか（違ったらごめんなさい）。

個人的にも料理の温度にはこだわるほうだ。実際のところ、どちらかというと猫舌の部類だと自覚しているのだが、それでも熱いものは熱々で食べたい。「あちゃちゃちゃッ」とか言いながら、フーフーして食べるのも味のうち。特にうどん、そば、ラーメンなどの麺類は熱々であってほしい。しかし、本当に熱々で出てくる店は意外と少ない。

しばらく前にツイッターで見かけたラーメンが好みのビジュアルで、しかも近所に新しくできた店だったので、買い物のついでに寄ってみた。出てきた鶏だし白湯ラーメンは期待どおりにおいしかった。おいしかったのだが、いかんせんちょっとぬるかった。それでもたまたまそのときぬるかっただけかもしれないと思って後日再訪してみたら、なんと閉店していたのであった。ああ、諸行無常……。

その店のスープはこってり系だったが、こってりスープはぬるい場合が多い。ラーメンマニアではないので、そんなに食べ歩いているわけではなくサンプル数が少なくて恐縮だが、元祖こってり的な有名店もぬるかった記憶がある。こってり系以外の店にしても、ぬるいとは言わないまでも、どちらかといえば猫舌の私が躊躇なく普通に食べられるケースが多い。それが適温ということかもしれないが、もっと熱々でもいいのに……と思ってしまう。その点、あんかけ系だと見た目より熱々で冷めにくくて良い。

今まで食べたなかで見た目も中身も一番熱々だったのは「石焼らーめん火山」である。栃木県が本拠地のラーメン店が２０１７年に都内１号店として下北沢に出店した際、物珍しさもありオープン早々に行ってみた。３００度（！）に熱した石鍋に麺と具が盛られ、目の前で店員さんが熱々のスープを注いでくれる。ジュワーッと盛大な音と湯気を立て、まさに活火山のマグマのようにグツグツと煮えくり返る図は見た目にも楽しい。当時はちょうど「インスタ映え」という言葉が流行り始めた頃で、これはウケるだろうなと思ったものだ。

とはいえ、さすがにそこまでグツグツいってると、猫舌の人間としてはいささか怯む。勇気を奮って一口すすれば、思わず吐き出したくなる熱さ。何しろ器が３００度なので、そう簡単に冷めない。フーフーしながら頑張って食べたものの、熱さの記憶のほうが強烈で味はよく覚えていない。それなりにおいしかった気はするが、この店も前述のラーメン店同様、再訪する機会のないますぐに閉店してしまった。生き馬の目を抜く下北沢では、ぬるくても熱くても閉店する店は閉店するのである。

ちなみに、私のような半端な熱々好きとは違う本物の熱々好きのことを「マグマ舌」と呼ぶらしい。知人のライター・とみさわ昭仁さんの発案で、とみさわさん自身もマグマ舌だ。当然「石焼らーめん 火山」にも取材に行っていて、クッキング温度計でスープの温度を測ったら98・4度にも達したという。そんな熱々を嬉々として食べるとみさわさん。〈どんぶりから取り分けて冷ましながら食べられるように茶碗も付いてくるが、こういうとき、ぼくはどんぶりからダイレクトに食べる主義である。/熱いものを食べに来ているのに、なぜわざわざ冷ます必要があるのだろうか!〉という堂々たる態度にマグマ舌の真髄を見た。

強靭な舌を持っていてうらやましい……と思ったが、同じ人間であるからして火傷をしないわけではないという。それなりにフーフーしたり水を飲んだり、対策をしたうえで熱々に挑む。その熱々と火傷のせめぎ合いがいいのだとか。まるで武芸者のようである。

熱々好きだけど猫舌なんて言ってる私は、つまり気合が足りないということか。熱々の道は遠く険しい。鍛えて強くなるものではないと思うけれど、それはそれとしてやはり熱いものは熱い状態で供してほしいとは思うのであった。

37品目　器のTPO

試しにツイッターで「紙ストロー」と検索してみてほしい。状況は刻々と変化するのでジャストナウどんな感じかはわからないが、本稿執筆時点では紙ストローとその導入を決めた人間への怨嗟《えんさ》の声が渦巻いている。

紙ストローについては「口当たりが悪い」「吸いにくい」「ふやける」「紙の味で飲み物がマズくなる」あたりが主な意見。総合評価としては「トイレットペーパーの芯で飲んでるみたい」ということらしい。漫画家の唐沢なをき氏は初体験後、「まあ日頃の行いが良くないことの報いと考えれば我慢できるかな」とツイートしていて、そんな仏罰みたいなストローってどんなんだ？　と、気になってしょうがない。

　ツイッター情報によれば、少なくともマクドナルドとスターバックスでは採用されているようだ。これは体験してみるしか、というわけで近所のマクドナルドへGO。持ち帰りでフライドポテトとコーラを注文し、ワクワクしながらストローの袋を開ける……が、出てきたのは普通のプラスチックのストローだった。なんでやねん！

　店舗によって採用してるところとそうでないところがあるのか。しょうがないので別の日にスタバに行ってみた。なんちゃらフラペチーノは注文するスキルもなければ飲みたいとも思わないので、壁におすすめっぽく貼り出されていた「ゆずシトラス＆ティー」とかいうやつのアイスを注文。細いストローを付けてくれたが、カウンターに太いストローもあったので、念のためそちらももらってきた。

　ストローの袋を開けると、今度はちゃんと紙ストローが出現。ボール紙を巻いたような外見は、確かにトイレットペーパーの芯っぽい。まずは細いほうで飲んでみたが、底のほうに溜まった果肉が詰まって全然吸えない。太いほうに替えたら無事吸えたものの、どうも空気が漏れるというか混じるというかスムーズさに欠ける。おまけにストローが唇に貼り付く感じで口当たりも良くない。全体に微妙な不快感が伴うので、せっかくの飲み物が台無しとは言わないまでも2割減ぐらいにはなる気がする。

それでもスタバの紙ストローのほうがマクドナルドのそれよりはマシらしい。マクドナルドのほうはもっと強度が低く、飲んでるうちに水分でふにゃふにゃになるという（評判が悪すぎてプラスチックに戻した店舗もあるようなので、下北沢店もそうなのかも）。ストローを紙にしたところでカップやフタはプラスチックだったりするので、プラごみ削減にどれだけの効果があるのかは謎。ゼロではないにしても、口にしたときのあのガッカリ感×人数分のＱＯＬの低下に見合うだけのものがあるのかどうか。まあ、外出時のマスクにもすっかり慣れてしまった我々だから、紙ストローにもそのうち慣れるのかもしれないが……。

ガッカリといえば、もうひとつガッカリしたことがある。先日、下北沢にすき家がオープンした。マイ牛丼チェーンランキングで吉野家に次ぐ2位にランクインするすき家である。ちなみに3位は松屋ではなく、今はなき神戸らんぷ亭なのだが、実は下北沢には（東京チカラめしとか伝説のすた丼屋とかを別にすれば）長らく松屋しかなかった。昔は駅前に吉野家があったが、それが閉店して以降、松屋の天下だったのだ。ところが、２０２０年に吉野家がカムバック、さらにすき家もオープンということで、さっそく入ってみたのである。

しかし、そこは私の知っているすき家ではなかった。注文は、店員が取りに来るのでは

器のＴＰＯ

なく入店時にタッチパネルで入力し会計する。番号を呼ばれたらカウンターで受け取り、自分で席まで運ぶセルフ式。このご時世、それは別にかまわない。牛丼に玉子とお新香を付けたくて、どの画面でどのボタンを押せばいいのか迷ったが、それもまあいい。問題はそのあとだ。

いざ番号を呼ばれて注文品を受け取ったら、なんと牛丼が紙パックに盛られているではないか。テイクアウトじゃなくて店内で食べるのに紙パック？　つーか、味噌汁もお新香も玉子も全部紙の器である。繰り返すが、テイクアウトじゃなくて店内で食べるのに全部紙の器なのだ。これには心底ガッカリした。

食器を洗う人件費や水道代の節減なのだろうとは思う。スペース的に余裕のない下北沢店だけなのか、ほかの店舗でもそうなのかはわからない。が、牛丼はやはり紙パックではなく丼で食いたい。丼の重みや箸が丼に当たる手応えも含めての牛丼ではないのか。これじゃ牛丼じゃなくて牛パックだ。いくら何でも貧乏くさくないですか？

器には器のＴＰＯがある。テイクアウトなら紙パックやプラスチック、スチロールで全然ＯＫ。宅配ピザには段ボールがふさわしい。野外バーベキューならむしろ紙皿に紙コップのほうが気分が出る。竹の皮や経木に包まれたおにぎりは最高だ。しかし、紙ストローやお店で食べる牛丼の紙パックには、目的のためには手段を選ばずという無理やり感がある。

かく言う私も、昔は器なんてどうでもいいと思っていた。どうでもいいというより、意識してなかったと言ったほうが正しいかもしれない。こじゃれた店のこじゃれた器を見て、「おしゃれだな」と思ったり思わなかったりする程度だった。それが変わったのは結婚してから。というのも、妻がなかなかの〝器警察〟だったのだ。

まだ結婚して間もない頃、近所の和食系居酒屋に入った。大将一人で切り盛りしてる小さな店で、料理そのものはおいしかった。しかし、妻はどうも難しい顔をしている。店を出てから「おいしかったよね？」と聞いたら、「おいしかったけど、お皿がねー」と言う。「あんな100均で買ってきたような皿じゃ、テンション下がるわー」。そう言われてみれば、確かに安っぽい皿だった。ヤマザキ春のパンまつりでもらえそうな皿……と言ったらヤマザキパンのファンに怒られるかもしれないが、そんな感じの皿である。

一方、その店と道路を挟んで斜め向かいにあった別の飲み屋の皿や小鉢には目がハートになっていた。料理が運ばれてくるたびに器に対して「すてき〜」と言う妻。陶芸に詳しくない私が見ても、前述の店とは明らかに違う。日本酒を注文するとお猪口を選ばせてくれるのだが、それも趣味のいい品ばかりで感心した。以降、いろんなお店や温泉旅館に夫婦で行ったが、どこに行っても妻は器チェックに怠りない。その影響で、私も何となく器を気にするようになった。

単に見た目の問題だけでなく、ビールやワインもグラスによって口当たりは違うし、ごはんや味噌汁の器も手に馴染むかどうか、食べやすいかどうかといった部分での違いはある。それは体感的に味にも影響する。ヤマザキ春のパンまつりの皿ならまだしも、紙ストローや紙パックはやっぱり勘弁してほしいと思うのだった。

38 品目 あんまり尽くされても困る

　あんまり尽くされても困るよなあ、と思うことがある。好きな気持ちはわかるけど、あふれる愛情と情熱を受け止めきれない。そういうのがうれしい人もいるのだろうが、残念ながら私にはちょっと重い。だんだん飽きてくるし、最後には胸やけしてしまったり……。

　おいおい、突然何を語り始めたのか。オマエのモテ自慢など聞きたくないわ、とページを閉じようとした方、ちょっと待って！　恋愛じゃなくて、お店の話です。

　たとえば先日ランチで入った店は、エビ尽くしだった。店名からして「（地名＋）

シュリンプ」なのでエビ推しなのは明らかだ。もしエビじゃなくてマグロ推しとかだったら逆にびっくりする。ランチメニューは、天丼、特上天丼、特上大海老天丼、濃厚海老カレーの4種類（以前は海老そばもあったらしい）。天丼を注文し、待ってる間に夜のメニューを見てみると、これがなかなかすごかった。

お刺身が、天使の海老、赤海老、入荷次第の海老、3種食べ比べ。おつまみは、甘海老の塩辛、天使の海老の塩焼き串、赤海老のサルサ和え、キムチと海老のせ奴、海老味噌きゅうり、ツブ貝のチャンジャ、海老入り出し巻き玉子、海老マヨ。サラダはシュリンプサラダ、温かいブロッコリーと海老のサラダ。一品料理が、海老のアヒージョ、牡蠣のアヒージョ、海老と牡蠣のアヒージョ、ガーリックシュリンプ、スパイシーホットシュリンプ、麻婆豆腐シュリンプ、海老とホタテのバター醤油というラインナップ。右を向いても左を見てもエビ尽くし。エビじゃないのはツブ貝のチャンジャと牡蠣のアヒージョの2つだけという、潔いほどのエビ推しなのである。

【21品目】のカニの話でも書いたけど、甲殻類アレルギーとか皮をむくのが面倒くさいとかいう理由を別にすれば、エビが嫌いな人はあまりいないだろう。事実、日本人は世界でも有数のエビ好き民族で、『エビと日本人』（村井吉敬／岩波新書）なんて本も出ているくらいである（しかも第二弾『エビと日本人Ⅱ』も出てる）。エビフライ好きで知られる名古屋人ほどではないにせよ、私もご多分に漏れずエビは好きだ。そうでなければ、その店

にも入っていない。にしても、そこまでエビ推しとは……。

　とか言ってるうちに運ばれてきたランチの天丼は、エビ2尾・イカ・ナス・サツマイモ・シイタケ・大葉・カボチャのトッピング。エビはさすがにプリプリで、揚げ具合もタレの塩梅もほどよい感じ。サツマイモとカボチャは甘くてごはんに合わない（酒にも合わない）と常々思っているのだが、天ぷらの定番なのでまあヨシとしよう。ごはんの上に刻み海苔と明太子がちょこっとまぶしてあるのも気が利いてる。付け合わせのミニミニ冷や奴＋漬物もうれしい。ランチの天丼としては申し分ない。

　ただ、ひとつだけ問題があった。セットの汁物がエビのビスクスープだったのだ。スープ単体としては濃厚でおいしかった。でも、天丼に合わせるなら、そこはやっぱり味噌汁でしょう。もうひとつのランチメニューである濃厚海老カレーならビスクスープでいいと思うけど、天丼とビスクスープは正直合わない。どうしてもエビにこだわるなら、桜エビの味噌汁とかエビのすり身のお吸い物とか、そういう方向にしてくれないか。

　なんてのは客のわがままだし、夜にも一度行ってみようと思うぐらいにはおいしかったので、ランチからディナーに誘導するという飲食店のセオリーとしては成功している。とはいえ、夜のメニューを見て何を食べるか想像したときに、あまりにもエビ尽くしで逃げ場がないというか、ちょっと飽きそうな気もするのだ。実際どうかは食べてみないとわからないが、カニだったらひたすらカニ尽くしでも飽きないのに、エビだとそう思えないのはなぜだろう。単に好みの問題で、エビ尽くし最高！という人もいるのだろうか。

そこで思い出したのが、以前に知人に誘われて行ったウニ尽くしの店だ。寿司ネタの中でもトップクラスの人気と値段を誇るオレンジ色の憎いやつ。素人目には区別がつかないが、日本で食用にされているウニは、バフンウニ、エゾバフンウニ、ムラサキウニ、キタムラサキウニ、アカウニの5種類らしい。それらを手を替え品を替え出してくれる。

磯の香り漂うねっとりと濃厚な味わいは何物にも代えがたい。安い店のウニだと生臭かったり舌にピリピリするような刺激があったりする（それでウニが嫌いになる人も少なくない）が、その店はそんなことはなかった。出されたウニは、どれも感動的にうまかった。それこそ煉獄さんばりに「うまい！　うまい！」と喜んで食べていたのである（当時はまだ『鬼滅の刃』は始まってなかったが）。

ところが、ある時点でピタッと手が止まった。「飽きた……」と口には出さないまでも、飽きてしまったのだ。そこから先は難行苦行。自分なりに頑張ったものの、途中で「もうお腹いっぱいで」とリタイアしてしまった（実際、お腹も結構ふくれてた）。そのとき「ウニはちょっと食べるからうまい」と悟ったのだ。ああいう濃厚なものは「尽くし」には向いてない。ウニほどではないがエビもわりと濃厚なので、そんなには食べられない。その点、カニはああ見えて実は淡白だから、尽くしもいけるのではないか。

しかし、淡白ならいいかというとそうでもない。京都で湯葉尽くしを食べたときも途中で飽きて「肉とか食いたい！」となった。お値段的には決して安くはないのに、何か貧乏くさいというか侘しい気持ちにもなった。淡白すぎるのも考えものである。

淡白といえば、食べたことはないが、松茸尽くしはどうだろう。検索したらいくつか出てきたが、最高級っぽかったのが京都の料亭の3万5000円（＋税）のコース。先付の甘鯛松茸白板巻に始まり、土瓶蒸し、焼松茸、松茸霰粉揚などを経て、松茸御飯で締める全12品のコースである。松茸以外にも鯛だのエビだのカニだのいろんな素材が使われているから、これなら飽きなさそうというよりぜひ食べたいが、本当に松茸オンリーだったらやっぱり飽きそうな気がしなくもない。

もちろん人それぞれだとは思うけど、私は尽くされるよりいろんなものをちょっとずつ食べたい。とか言うと、心理テストなら浮気者と判定されそうだ。が、恋愛においても尽くす女、尽くす男は地雷の可能性が高いとネットに書いてあった。相手のためじゃなくて「こんなに尽くす自分」に酔ってたりして……。おっと、また柄にもないことを書いてしまった。何はともあれ、食事も恋愛もバランスが大事ということですね。

39 品目 スパゲティがパスタに変わった日

食に関する本は好きでいろいろ手に取るが、タイトルで最も感心したのは『生まれた時からアルデンテ』（平凡社／２０１４年）だ。著者の平野紗季子さんは１９９１年生まれ。出版時点で23歳ということになる。その若さで本が出せるというのがまずすごい。私より27歳下であり、まさに親子ほどの年の差だ。そりゃもう、いろんな感覚が違って当たり前ではあるが、「生まれた時からアルデンテ」には意表を突かれた。そうか、デジタルネイティブならぬアルデンテネイティブ世代というのもあるのかと、そこで初めて気づかされたのだ。

同書で著者は次のように述べる。

〈私は生まれた時からアルデンテなので、茹でた麺をザルに放置してぶよぶよにするという手間でもってパスタを殺す所業の理解ができないから、芯のないことが誇りかのように開き直る喫茶店のナポリタンが嫌いだし、それを愛している人たちの団結力やアルデンテに対する反骨心とも出来る限り距離をとって生きていきたいと思っている〉

アルデンテネイティブにとって、喫茶店のぐったりしたナポリタンは許せないのだ。となると、お惣菜で売ってるスパゲティサラダなんかもアウトだろう。私も別に喫茶店のナポリタン至上主義者ではないが、〈そもそもスパゲティじゃなくてパスタと呼んでる。私がパスタ好きを自認した小学生の頃に好きだったのは、からすみと水菜のスパゲティだった〉と言われると、世代と時代の差を感じずにいられない。

私が小学生の頃には、からすみと水菜のスパゲティなんてシャレたものは存在しなかった。いや、地球上のどこかにはあったのかもしれないが、少なくとも自分は見たことも聞いたこともなかった。当時のスパゲティといえば、ミートソースかナポリタンの二択である。ウチの食堂のメニューにはなかったので、初めて食べたのはたぶん近所の喫茶店だと思う。ただ、味もシチュエーションもあまり印象に残ってはいない。

人生で一番スパゲティを食べたのは、大学生の頃だ。時は80年代半ば、街には「壁の穴」などのスパゲティ専門店も増えていた。が、私がよく食べたのはそういう店ではなく、学食のスパゲティである。ミートソースとたらこの2種類で、アルデンテどころか細いうどんとしか言いようのないシロモノだったが、とにかく安かった。量も少なめだったとはいえ、何しろ180円である。それで一食まかなえるのは大変ありがたく、毎日とは言わないまでもかなりのヘビロテで食べていた。腰くだけのぐにゃぐにゃ麺に安っぽいミートソース（あるいはたらこ）が破れ鍋に綴じ蓋的マリアージュを醸し出し、あれはあれでうまかったような記憶がある（が、思い出補正かもしれない）。

80年代は、それまでミートソースとナポリタンぐらいしかなかったスパゲティ界に、たらこ（明太子）、カルボナーラ、ボンゴレなどの新顔が普及し始めた時代でもあった。それと同時に「アルデンテ」という言葉が人口に膾炙《かいしゃ》し始めた時期でもある。一説によれば、アルデンテという言葉と概念を日本に初めて紹介したのは伊丹十三だという。1968年刊のエッセイ集『女たちよ！』（文藝春秋）の中に「スパゲッティのおいしい召し上がり方」という項があり、そこで〈イタリー人はスパゲッティの理想の茹で加減を「アル・デンテ」という言葉で表現する〉と記し、その意味やゆで方も解説している。そこから女性誌などがアルデンテ啓蒙運動を始め、徐々に広がっていったようだ。

1983年に連載が始まった『美味しんぼ』でも「対決!!スパゲッティ」と題したエピソードがある（1990年刊の25巻に収録）。そこでは豪華な具材をあしらった山岡のスパゲティよりも海原雄山が供した麺そのもののうまさを引き出すシンプルなスパゲティ（今でいうペペロンチーノとポモドーロ）が勝利する。ゆで方については、勝負のきっかけとなった若手料理人が麺をゆでる際に「まだ芯がわずかに残ってる。芯が消えかかったら上げろ」というセリフがあるだけで詳しくは語られないが、アルデンテが前提となっているのだろう。

しかし、実は『美味しんぼ』より何年も前にスパゲティのゆで方にこだわったマンガがあった。意外に思われるかもしれないが、アクションマンガの巨匠・望月三起也の代表作『ワイルド7』だ。１９７６年〜77年にかけて発表した「灰になるまで」というエピソードで、主人公の飛葉が政官界の悪党どもが会食する高級レストランに乗り込み、勝手にいろいろ注文したうえ、スパゲティについて講釈を垂れる。

「たとえばテーブルの下へ１本落とす…２・３回はねてまた……テーブルの上へもどるってくらいの弾力……このいきのよさがほんもの」「ところが日本のレストランじゃほとんどゆですぎ　床へ落とすと2回はねるどころか一度でグッタリ　スパゲティがひん死の重傷って感じね」

スーパーボールじゃあるまいし、そんなにはねたら逆に怖いが、アルデンテのことを言っているのは間違いない。前述の伊丹十三のエッセイに〈日本のレストランで食べるスパゲッティはほとんど例外なく茹ですぎてふわふわになってしまっているが、ふわふわのスパゲッティは、これはもうスパゲッティとはいえないのであります〉という一節があり、望月氏はこれを読んだのかもしれない。実際、望月氏はなかなかの食道楽だったようで、当時まだ珍しかったメキシコのチリコン料理を作中に登場させるなど、印象的な食のシーンを数多く描いている。

そんなこんなで、アルデンテは80年代には多くの人が知るところとなったものの、先ほどの『美味しんぼ』でも「スパゲッティ」と称しているように、まだ「パスタ」という呼称はあまり浸透していなかった。そこへやってきたのが、バブル期のイタメシブームである。畑中三応子『ファッションフード、あります。』（紀伊國屋書店／2013年）によれば、著者が調べた範囲で雑誌に初めて「イタメシ」という語が登場したのは「Hanako」1988年10月6日号の油井昌由樹のコラム「イタメシノックアウト旅行」だという。

そしてイタメシブームの象徴となったのが、1989年11月に恵比寿にオープンした「イル・ボッカローネ」。店に入ると店員が「ボナセーラ！」と迎える本場感の演出で一躍人気店となると、同様の店があちこちにできた。そんなイタメシブームのなかで〈刺身は「カルパッチョ」に、カナッペは「ブルスケッタ」に、サンドイッチは「パニーニ」に、スパゲッティは「パスタ」に呼び名が変わった〉と同書は指摘する。1989年とは平成元年。

つまり、平成以降生まれにとっては「生まれた時からパスタでアルデンテ」なのである。

令和の今では誰もがご存じのとおり、パスタというのは総称で、長さや太さや形状によっていろんな呼び名がある。スパゲティはその一種で丸い断面のロングパスタのうち直径１・６〜１・９㎜程度のものを指す。近所にパスタが売りのイタリアンの店があって、確かに「パスタ！」って感じでうまいのだが、自分の好みからするとちょっと麺が太い。スパゲティより太めのスパゲトーニというやつかもしれない。その分、歯応えもありありで、うどんでいえば武蔵野うどんとか吉田うどんとか、ああいう感じ。個人的にはもう少し細めでツルツルしこしこのほうがいい。うどんでいえば、水沢うどんや五島うどんぐらいが望ましい。

そんな私が昼メシでわりとよく行くのが「すぱじろう」だ。近場にあって一人でも入りやすく手軽というのも大きな理由だが、麺の具合が自分の好みにフィットする。麺の量がＳ・Ｍ・Ｌから選べるのもありがたい。メニューも多彩で、月替わりのおすすめも「そうきたか！」という楽しさがある。チェーン店だし人におすすめするような店ではないが、日常の食事には十分だ。

運営会社のサイトを開くと最初に出てくるフレーズがまた泣かせる。

〈「パスタ」ではなく「スパゲッティ」というカテゴリへのこだわりと専門性を高め上げ、

お客様の満足と笑顔と広げたい〉

そう、「パスタ」ではなく「スパゲッティ」。ついでに言えば「パンツ」ではなく「ズボン」。バリバリの昭和生まれにはそっちのほうがやっぱりしっくりくるのであった（さすがに今「イタメシ」とは言わないが）。

40 品目 何をかけるか問題

「目玉焼きに何をかけるか」は、人類永遠の論争テーマである。塩、コショウ、しょうゆ、ソース、ケチャップなどいろんな派閥があり、お互いに譲らない。マンガ『美味しんぼ』で目玉焼きの焼き方、食べ方をネタにした「黄身と白身」の回でも、それぞれの主張が激突。「七味唐辛子をかけない目玉焼きなんて考えられないだろうが」と断言する人（東西新聞の大原社主）まで出てくるほどだった。

ネット上にもさまざまな意見や記事がある。キユーピーが２０２２年に行ったアンケート調査では、１位：しょうゆ（59・３％）、２位：塩（29・５％）、３位：

コショウ（20・3％）、4位：ソース（14・5％）、5位：マヨネーズ（10・7％）、6位：ケチャップ（9・6％）、7位：ポン酢（2・9％）、8位：デミグラスソース（2・6％）という結果（複数回答・以下同）だった。

同じく2022年の楽天インサイトの調査では、1位：しょうゆ（54・3％）、2位：塩コショウ（32・4％）、3位：塩（14・0％）、4位：ケチャップ（8・7％）、5位：マヨネーズ（8・1％）、6位：中濃ソース（7・1％）、7位：ウスターソース（6・3％）、8位：濃厚ソース（2・9％）、9位：ドレッシング（1・4％）となっている。

どちらも統計的に正式な調査ではないが、しょうゆがダントツ、次いで塩・コショウという点は一致する。楽天インサイトはソースを3種類に分けているが、それらを合算すればキユーピーの数字と似たようなものになる。キユーピーのほうでマヨネーズがケチャップより優勢なのは、さもありなん。その他のアンケートでも、しょうゆ、塩・コショウ、ソースのベスト3は揺るがない。

私自身は、目玉焼きにはしょうゆ派だ。が、「断固しょうゆ、それ以外は認めん！」という強硬派ではない。塩コショウだけでシンプルにいただくのもいいし、ケチャップで味変するのもいい。ハンバーグにのってる目玉焼きなら、そのままデミグラスソースで食べるだろう。ただし、マヨネーズは卵×卵になってしまうので、ちょっとどうかなと思う。

この「何をかけるか」問題は、目玉焼きに限った話ではない。とんかつやアジフライなどの揚げ物でもしばしば論争になる。またしても他人の調査結果の引用で恐縮だが、2017年のマルハニチロの調査によれば、「とんかつにかけるものランキング」1位は、当然ながらとんかつソースが73・0％と他を圧倒。以下、2位：中濃ソース（30・1％）、3位：大根おろし（おろしポン酢やおろししょうゆなど）（19・5％）、4位：ウスターソース（14・6％）、5位：味噌だれ（11・7％）となっている。地域によって、しょうゆ、塩、「何もかけない」が上位に来るところもあったという。同じ揚げ物でもエビフライやカキフライならタルタルソースが上位に入ってくるだろう。唐揚げの場合、レモンをかけるかどうかでまた揉める。

いずれにせよ、自分の家で食べるなら自分の好きな調味料をかければいい。問題はお店で食べる場合である。ウチの実家の食堂では、メニューにハムエッグがあったし、とんかつもあった。しかし、テーブルに置かれている調味料は、しょうゆ、ウスターソース、塩、コショウ、七味のみ。客はその中から選ぶしかないのである。

私の場合は、ハムエッグにもとんかつにもしょうゆをかけていた。とんかつには最初、ウスターソースをかけていたのだが、どうもあのウスターソースというやつがピンとこない。何を狙った味なのか、わからないのだ。とはいえ、ウチには中濃ソースやとんかつソースはなかったので、やむなくウスターソースでお茶を濁していた。そんなある日、「とんかつにしょうゆをかけるとうまい」という話を何かで読んだか聞いたかして、「ホンマかいな」と半信半疑でかけてみたら意外とイケた。未経験の方は一度お試しあれ。

大人になった今では、ウスターソースにはウスターソースのよさがあるのもわかる。それでも揚げ物には基本的に中濃ソースかとんかつソースをかけたい。とんかつ屋でとんかつソースを置いてない店はあまりないと思うけど、たまに「塩でどうぞ」みたいな店があるから油断は禁物だ。エビフライやカキフライに最初からタルタルソースがかかった状態で出てくるのも残念。何をどれくらいかけるかは自分で決めたい。

ところが先日、近所に新しくできた昭和レトロな演出の食堂でメンチカツ定食を頼んだら、オーロラソースがどぼどぼにかかった状態で出てきて、一瞬我が目を疑った。全体にたっぷり盛られたソースで衣がまったく見えず、もはやカツだか何だかわからない。ケチャップとマヨネーズを合体させたオーロラソースは主張が強い。これだけかかっていると、食べてもほぼソースの味しかしない。熱烈なオーロラソースファンのニーズに応えたのかもしれないが、ファンならぬ身にはいささか厳しいものがある。

その数日後、知人の食いしん坊デザイナーに教えてもらった定食屋に初めて入った。人気店らしく、行列する人向けの注意書きが貼り出されていたが、ランチタイムのピークは過ぎていたので幸い並ばずに入店。サバ味噌とかがあれば食べたかったが、刺身定食はあれども煮魚はナシ。豚生姜焼きと迷ったあげく、アジフライ定食をごはん少なめで注文した。

出てきたアジフライは、よそではあまり見たことないぐらい大ぶりで肉厚なのが1枚。アジフライ定食は2枚セットで出てくる店が多いけど、これなら1枚で十分だ。そこに玉子たっぷりで黄色みの強いタルタルソース、千切りキャベツとマカロニサラダにくし切りレモンが添えられていた。そのビジュアルだけで〝当たり〟感はあったが、そこで配膳のおねえさんが「ソースかしょうゆ、お使いになりますか？」と聞く。とっさに「あ、じゃあソースで」と答えると、中濃ソースの入った陶器のしょうゆ差しというかソース差しを持ってきてくれた。そうやって希望を聞いてくれるのはありがたい。

ソース、タルタル、レモンを自在に駆使して食べたアジフライはうまかった。やはり、調味料は自分の采配でかけたいものだ。が、考えてみれば、最初からソースとしょうゆを一緒に出してくれればいいのでは、という気もしなくはない。もっと言えば、ポン酢とかラー油とかマスタードとか柚子胡椒とかタバスコとか、いろいろ置いてあるといい。スペースや経費などの面で難しいとは思うけど、そんな調味料選び放題の店があったら行ってみたい。普段はかけない調味料をちょっと試してみるのも外食ならではの楽しみのひとつ。意外な発見があるかもしれない。

41 品目 どの席に座るか問題

飲食店には2種類ある。店員が座席を案内・指定する店と、客が好きな席を選べる店。一概にどちらがいいとは言えないが、店内を一目で見渡せるぐらいの規模と構造の店なら、自分なりのベストポジションを選びたい。広くて入り組んだファミレスのような店なら、案内してもらったほうが話が早い。狭い店で先客が何組かいれば、そもそも選択の余地は少ない。しかし、それらとは別に「え、なんで？」と思ってしまう店がたまにある。

以前に吉祥寺の某有名焼き鳥屋におっさん3人で行ったときのこと。そこそこ広い店内は、平日の早い時間帯ということもあり、わりと空いていた。いや、むしろガラガラと言ってもいいぐらい。にもかかわらず、店員は隣に先客がいる奥のテーブルに案内する。その隣にも先客がいて、要するに来た客を奥から順番に詰め込んでいるわけだ。

人気店ゆえ次々に客が入ってきて、いずれ満席になることを考えれば、奥から詰めるのは合理的といえば合理的ではある。しかしながら、その時点ではまだ全然余裕あるんだから、せめてひとつおきぐらいに配置してもいいのではないか。というか、別に入り口付近のテーブルでもいいのではないか。なんで隅っこにおっさん客がひしめき合わなきゃいけないのか……ガラガラの店内を見ながらそう思った。

カウンター5～6席と2人掛けのテーブル4つしかないようなカレー屋に夫婦で行ったときも、奥に2つ並ぶテーブルの一方に先客がいる隣に案内された。が、当時はまだ喫煙可で、その先客がタバコを吸っていたので「こっちでもいいですか？」と入り口に近い別のテーブルを指し示したら、「いや、奥でお願いします」と言うのである。となるとこっちも「いや、あの、ちょっとタバコが……」と言わざるを得ず、そうすると先客も「あ、すみません……」という感じになって気まずい空気が流れる。

結局、入り口近くのテーブルに座らせてもらえたけれど、先客によけいな気を遣わせることになってしまった。タバコの煙は大嫌いだが、喫煙可の店で吸っている分には文句を言う筋合いはない。問題は店のほうで、混雑してるならともかく、その先客しかいないのに、なぜそうやって奥から詰めようとするのだろうか。

おしゃれなカフェでは、窓際やテラスなど外から見える席におしゃれな客を配置するという話も聞く。本当かウソか知らないが、そういう店なら我々が奥に押し込められるのも理解できる。しかし、前述の2店はそういうタイプの店ではない。単にマニュアル的に奥から順に詰めるということになっているのかもしれないが、少しは客の意向も汲んでほしいものである。

ただし、ウナギの寝床みたいに幅の狭い店で、客が座ると後ろを通るのが困難な場合は、奥から詰めたほうがいいとは思う。奥の人が帰るときは大変だが、そこは全力で椅子を前に引いて少しでも通りやすくするのが客としてのマナーである。

そういう店はだいたいカウンターのみだが、ある程度のスペースがあってテーブル席もあるような店でも、一人のときはカウンターがいい。行きつけの店だと、何となくお気に入りの席というのもできてくる。自分は電車や映画館の座席と同じく基本的に端っこが好きだが、そういう人は多いだろう。かの池波正太郎も端っこ好きだったらしい。

特に飲み屋だと、カウンターのほうが追加注文しやすいというのも利点である。私の場合、お酒のピッチが人様より速いため何度もおかわりすることになるのだが、「すいませーん」と言っても声が通らずテーブル席だと気づいてもらえないことが多い。今はボイトレ（『声が通らない！』執筆時に通った）の成果で意識すれば一応腹から声が出せるし、「すいませーん」より音韻的に通りやすい「お願いしまーす」を採用のうえ、挙手も併用しているのでまあ大丈夫ではあるが、何度も呼びつけるのも申し訳ない。その点、カウンターならお互い楽ちんだ。もちろん、一人でテーブルを占拠するのは申し訳ないという気持ちもある。

そういえば、しばらく前に新宿の老舗人気とんかつ屋で、4人掛けのテーブルに案内されたことがあった。ランチタイムには行列のできる店ながら、やや遅めの時間帯だったこともあってすんなり入れたのはいいが、カウンターは満席でテーブルがひとつポッカリ空いていたのである。

混んでる店で4人掛けのテーブルに一人で座っているのは居心地悪い。あとから一人客か二人連れが来たら相席するにやぶさかではない。3人だったらちょっとつらいが、まあ我慢しよう……と思ってるところに3人連れが来た。が、店のおねえさんは「ちょっと今いっぱいなのでお待ちいただけますか」と言う。

これはますます居たたまれない。しかし、このとき実はちょっと前にカウンターの先客一人が食べ終わって退出しており、その席が空いていたのだ。そこで私はすかさず「そっち移りましょうか？」と申告。「よろしいですか？　ありがとうございます」ということで、3名様は無事テーブルにご案内されたのであった。グッジョブ、俺。

けれど、そんな気が利く私（小心者ともいう）と違って、細かいことは気にしない人もいる。ちょうどランチタイムの時間帯に近所のチェーン店レストランのカウンターで食べていたら、20代半ばと思しき女子が一人で入ってきた。店員さんが「空いてるカウンター席へどうぞ」と声をかけるも、その女子は入り口に一番近い4人掛けのテーブルに直行、まったくためらう素振りもなくドカッと腰を下ろしたのである。

店自体そんなに混んでもいなかったので特に問題はないのだが、カウンターもあれば2人掛けのテーブルもあるのに、4人掛けに迷わず座れる度胸がすごい。自分には到底無理である。しかも、注文したかと思ったらバタッと突っ伏して寝だしたのだ。思わず呆気にとられる豪傑ぶり。徹夜明けか何かでよっぽど眠くて、一番近い席にたどりつくのがやっとだったのか。

夜中のファミレスなら寝ちゃってる人も珍しくないかもしれないが、白昼堂々の爆睡はあまりないのでは？（知らんけど）あのまま寝てたら店員さんは起こすのだろうか。彼女の注文が運ばれてくる前に店を出てしまったので、その後どうなったのかはわからない。食べ終わったのに長居するのは申し訳なくて、結末を見届けずに退出してしまうところがまた、私の詰めの甘いところである。

42 品目 酒飲み認定

　仕事柄、大量の本を買う。特にマンガは月に70〜80冊ぐらい買う。マンガ以外もいろいろ買う。今はコロナ禍の影響もあってネット書店で買うことが増えたが、以前は週に一度はリアル書店に足を運んでいた。新宿紀伊國屋のアドホック店（コミック売り場）や渋谷の東急本店に入っていた丸善ジュンク堂、もっと昔は渋谷のH&Mになる前のブックファーストがマイ・フェイバリット書店だったが、今はすべてなくなってしまった。
　右記以外で近年よく通っていたのが（今もたまに行くが）渋谷のKBD書店である。別に匿名にする必要もないのだが、まあ何となく匿名にしておく（大手チェーン書店で売り場面積もそこそこあるのに客が利用できるトイレがないのは改善していただきたい）。

メインの売り場は地下で、1階がコミック売り場。それなりの規模の書店なので店員も私が把握しているだけで6〜7人はいるが、そのうちの一人のおじさんがコミック売り場のレジにいることが多く、その人が完全に私のことを個体認識している。

毎回十数冊、どうかすると20冊以上買うのに買い物カゴがなく、両手でも持ちきれなくなることが何度もあり、そのうち「お預かりしましょうか」と声をかけられるようになった。会計は大抵1万円超え。不作のときでもそれに近い。黙っていても宛名入りの領収書をくれるようにもなった。やがて、ほかの何人かにも個体認識されるようになる。

そうなるともう、店に入った時点で店員さんの顔がパーッと輝く。自意識過剰かもしれないが、たぶん「1万円さんキター！」とか思われていたのではないか。書店で1万円ぐらい使うのは自分の感覚としては普通だし、ほかにもそんな人はいくらでもいるだろうとは思うけど、頻度的にも金額的にも「あの客はよくマンガ買う客だ」と認知されていたような気がする。

飲食店でも似たようなことはある。3カ月に1回ぐらいの割合で行く高級そば屋の女将さん的な感じの人（ちょっと平野レミを彷彿させるキャラ）は、我々夫婦が行くとパーッと顔が輝く（気がする）。というのも、我々夫婦がめっちゃ酒飲むから。

いや、めっちゃと言ってもそんなにアホほど飲むわけではなく、夫婦でビール１本と日本酒４〜５合程度なのだが、ほかの客がとにかく飲まない。１グループでビール１本とか日本酒１合とか、ヘタすりゃお茶だけとか、そんな感じなのである。メディアでも言われているように、特に若い世代の酒離れは深刻だ。

無理に飲む必要はないし飲んで暴れたりするのは論外だが、飲食店にとってお酒は利益率が高いと聞く。よくは知らないが、我々のように静かにひたすら飲んで、そこそこ食う客は、それなりに上客なのではないか。そのそば屋の女将さん的な感じの人も、ここぞとばかりに酒をすすめてくる。「あの客はよく酒飲む客だ」と認識されているのだろう。「メニューには載せてないんですけどね、今日はこんなお酒があるんですよ」と、レアな酒を推してきたりもする。

飲食店では基本的に〝無名の客〟でありたいし常連扱いされるのは本意ではないが、酒飲み認定されるのはちょっとうれしい。「斗酒なお辞せず」とは言わないまでも、おすすめされれば飲むにやぶさかではない。

そういう酒飲み認定的な現象が、初めて行った店でもちょいちょいある。年に何度かは音楽ライブや演劇を夫婦で見に行くが、野球と違って終わりの時間がだいたい決まってい

酒飲み認定

るので、会場近くの店を予約する。下調べはしていても、初めて入る店では味はもちろん一皿のボリュームもわからないので、まずは控えめに注文する。

というか、料理の前にまず酒だ。とりあえずビール、場合によってはグラスのスパークリングを注文する。そこでガッカリすることもたまにある（スパークリングの気が抜けているとか）が、よほどのことがなければそのまま飲んだり食ったりするのが通常パターン。ライブや演劇のあとはテンションも上がっているし腹もへっているので、グビグビ飲んでバクバク食う。

妻はそれほどでもないが、私の飲むピッチは速い。ビールでもワインでも日本酒でも焼酎でも、あっという間にグラスが空になる。お酒がないと料理にも手が伸びず、ピタッと固まってしまうタイプなので、完全に飲み干す前に次の酒を注文する。そうすると、3杯目ぐらいから妙に酒の盛りがよくなることが多いのだ。

やはり「こいつ、よく飲むな」と酒飲み認定されるのだと思う。仮に自分が飲み屋をやってたとして、よく飲む客にはちょっと多めに注ぐことはありそうだ。それこそ偶然かもしれないが、ワインや日本酒のボトルに少しだけ残った分を「もうちょっとだけなので注いじゃいますねー」と注がれることも多い（気がする）。

先日も所用で大阪に行ったときに初めて入ったカウンターだけの飲み屋で日本酒を飲んでいて、3杯目で一升瓶が残り少しになり、「よかったら飲んでくださーい」と目の前にボトルを置かれた。「喜んでー」と飲もうとしたら、本当に笑っちゃうほどちょっとしか残ってなかったのだが、ありがたくいただいた。

一方で、月2ぐらいのペースで通ってる近所のビストロのワインの盛りがずっとショボくて3口ぐらいで飲み干してしまう。しかし、それはそれでいい。12席ほどの店を一人で回しているので3組も入ればてんてこ舞いだが、料理は多少時間かかっても酒はすぐに出してくれるのが素晴らしい。優先順位というものをわかっている。酒さえあれば大人しくしているのが（少なくとも私が考える）酒飲みなのだ。

逆に言えば、酒がなかなか出てこない店は我慢ならない。料理はおいしいのに、酒が遅いという理由で行かなくなってしまった店もある。本末転倒と言われても、そこは譲れない。何はなくとも、まず酒を持ってきてくれ。話はそれからだ。

43 品目 11人きた!

その日は実家の用事で大阪に行き、実家近くのホテルに泊まった。実家といっても自分が住んでいた店舗兼住宅はもう売却して別の店になっていて、今は米寿の母が近くのマンションに一人で住んでいるだけなので、スペース的にも利便性や快適性の面からもホテルに泊まることにしている。

もろもろの用事を済ませてホテルにチェックインし、さてどこかで一杯やろうと思ったが、その界隈はオフィス街で、しかも日曜日だったので飲食店も閉まっているところが多い。以前に入ったことがあるホテルの真向かいのワインバーも今日はお休み。チェーン店なら開いてそうだが、どうせなら新しい店を開拓したい。ちょっと足を延ばして繁華街まで行けばいくらでも店はあるものの、わざわざ行くのは面倒くさい。

そんなこんなで、「近くで開いてるいい感じの店はねがー？」と検索したら、泊まってるホテルの地下に深夜までやってるカフェバー的な店があるらしい。灯台下暗しとはこのことか。同ホテルには何度も泊まっているが、その店はホテルとは経営上の関係はなくテナントとして入っているだけで、ホテルの案内には載ってないためスルーしていた。

よっしゃ行ってみるか、と地下に下りる。が、店の看板はあるものの、入り口がわからない。営業してるのかどうかもイマイチ不明。えー、どっから入るねーんとまごまごしてたら、壁かと思ってたところがいきなり開いた。うわっ、バブルの頃、こういう店あったよな……と思いつつ足を踏み入れたら、秘密の通路みたいな曲がりくねったアプローチがあり、ようやく店内にたどり着く。

なんちゃってアンティーク風の広い店内には、カウンター、テーブル席、ソファー席がある。あとで調べたら80席もあって、奥には個室もあるらしい。が、目に入る範囲に客の姿はなく、フロアのおねえさんに思わず「やってますか？」と聞いてしまった。「ご予約ですか？」と聞かれて「いや……」と言うと「何名様ですか？」と聞くので「一人です」と答えると、「こちらへどうぞ」とカウンターに案内された。

何はともあれ、まず生ビール。そこそこ腹もへっていたので、フードメニューから野菜スティックとソーセージを頼む。野菜スティックは、バーニャカウダソースと藻塩添え。ソーセージはプリプリの細身のやつが4本にサニーレタスとプチトマト添え。ケチャップとマスタードが付いてきたのがうれしい。

ビールはあっという間に飲んでしまい、グラスの白へ。ほかに客もいなくてヒマそうな若いバーテンダーのにいちゃんに「どちらからいらしたんですか?」などと定番の質問をされる。「東京からなんですけど、この上のホテルに泊まってて」と言うと、「あ、そうなんですねー」と納得顔。確かに、一見の一人客がふらりと入る感じの店ではないので、「何だこいつ?」と思われていたのかもしれない。

「ご旅行ですかー?」「いや、もともとこっちの出身なんですけど、ちょっと実家の用事があって……」などと当たり障りのない会話をしながら、飲んで食う。こういうどうでもいい雰囲気は嫌いじゃない。今日はもうホテルの部屋に帰って寝るだけなので気楽なものだ。白ワインのグラスもすぐに飲み干してしまい、おかわりをもらう。やはり1杯目より少し盛りがいい気がする。酒飲み認定されただろうか。

2杯目を飲み終わる頃には、野菜スティックとソーセージもほぼ食べ終わり、まだちょっと物足りない感じだったので、メニューを手に取り検討する。……と、そこに新たな客がやってきた。若い男の2人組だ。例によってフロアのおねえさんが「ご予約ですか？」と聞く。「予約はしてないんですけどー」という男の言葉にやや食い気味に「何名様ですか？」とかぶせるおねえさん。カウンターは入り口近くなので、やりとりが全部聞こえる。

そこで男はサラッと言った。

「11人なんですけど、大丈夫ですかー？」

はぁ!?　じゅういちにん？　いや、キャパ的には全然いけそうだが、いきなり11人て、『11人いる！』かよ！　と、マンガ好きとしてはツッコまずにいられない。まあ、飲み会の流れで二次会の場所を求めてたどり着いたパターンなら、それぐらいの人数もありえるかとは思ったが、自分一人でまったりしてたところに11人来たのには意表を突かれた。

おねえさんは「確認しますので少々お待ちください」と一旦引っ込んだが、席はめっちゃ空いてるので問題なく受け入れられた。しかし、これは忙しくなるぞ。料理を頼むなら今のうちだ！　と確信した私は、追加でカマンベールとベーコンのアヒージョを注文。同時にグラスの赤も頼む。

さっきまでヒマそうにしてたバーテンダーのにいちゃんは、11人分のドリンクを作るのにてんやわんやである。そろいもそろってビールやワインではなくカクテル的なものを注文していて、何だかややこしいやつもオーダー入っているようだ。11個のグラスを並べて片っ端から作っていく様子はなかなか壮観で、動画に撮りたいほど。もはや私とムダ話をする余裕はないが、赤ワインはすみやかに提供してくれてありがたい。似たようなグラスの似たようなカクテル11人分を間違えずにサーブするフロアのおねえさんもすごい。

機先を制して注文した甲斐あって、カマンベールとベーコンのアヒージョも、さほど待たされずに出てきた。8等分にカットした小ぶりのカマンベール丸ごとと、ベーコン、トマト、ブロッコリー、ジャガイモが入ったアヒージョはバカうまで、赤ワインに合いまくり。これは正解！　と自分で自分をほめつつ、グビグビ飲んでバクバク食う。もちろん赤ワインはおかわりだ。今度ははっきりと盛りがいい。いいぞ、その調子！

とか何とか一人で盛り上がってるうちに、また新規の客が来た。今度は5人。そして、すぐあとにまた4人来たと思ったら、さらに5人来た。遅い時間ほど混むタイプの店だったか。しかし、店側のスタッフは、私の見たところ、厨房に1人、バーテンダー1人、フロアに1人の3人しかいない。バーテンダーのにいちゃんはマシンのようにカクテルを作り、それをフロアのおねえさんが運んでいく。最初に入店したときはのんびりした印象だったが、実は優秀なスタッフだったのだ。

とはいえ、さすがにヤバいと思ったのか、途中で急遽呼び出された感じの店長（オーナー？）みたいなおじさんがやってきた。が、そのムロツヨシ似のおじさんは、メジャー通算50発という触れ込みの助っ人外国人ぐらい戦力にならない。役職的にはたぶん一番上なんだろうけど、現場ではあわあわしてるだけで、まるで役に立っていないのであった。

もはや私のことなど眼中にないが、それでいい。頃合いを見計らってお勘定をお願いし、入店時とは打って変わってにぎやかな店をあとにする。チャージも含めて決して安くはなかったが、面白かったのでヨシ。

ちなみに『11人いる！』は萩尾望都の名作ＳＦ中編で、閉鎖空間の宇宙船で選抜試験を受ける候補生が10人のはずなのに１人多かったという話。正体不明の潜入者をめぐって疑心暗鬼になるサスペンスドラマである。宇宙船じゃなくてこういう広いお店なら、10人も11人も一緒だろう。でも、できれば事前に連絡したほうがいいよね、とは思う。

44 品目 硬と軟

世の中は硬と軟とに分けられる。野球やテニスには硬式と軟式があるし、プラスチックには硬質と軟質があり、本や雑誌には硬派と軟派がある。膏薬には硬膏と軟膏があり、人体の部位でも硬口蓋と軟口蓋、硬膜と軟膜などがあるし、水にも硬水と軟水がある。

アイスクリームでいえば、軟はその名のとおりソフトクリーム、硬はシンカンセンスゴイカタイアイスが代表格だ。今さら説明不要だろうけど、シンカンセンスゴイカタイアイスとは、東海道新幹線の車内で販売されるスジャータのカップアイスの愛称。空気含有量が少ない製法により密度が高く、しかもドライアイスで冷やした状態で販売されるため、スプーンがまるで刺さらない〝スゴイカタイアイス〟となっている。

溶けたアイスほど残念なものはないわけで、すぐには溶けないあの硬さが人気の理由のひとつに違いない。２０２３年10月31日をもって東海道新幹線のワゴン販売が廃止されるというニュースが流れた際には、「もうあの硬さは味わえないのか」と惜しむ声がネットにあふれた（ホームの自販機での販売はあるが、あそこまでの硬さはないという）。

硬いアイスといえば、井村屋のあずきバーも負けてない。「サファイアより硬い」なんて都市伝説まで生まれるほどで、実際、うっかりかじると歯が折れそうになる。あずきバーは２０２３年がちょうど発売50周年。昔はそこまで硬くなかったそうで、「BUISINESS INSIDER」の記事（２０２３年６月30日配信）によれば、「（今の硬さは）時代の変化に合わせて、甘さを控えめにしてきた副産物なんです。砂糖が減る分、水分が増え、水が氷になり、硬さが増した。わざと硬くしたわけではなく、時代にあわせて原材料の使い方や割合を吟味してきた結果でもあります」という。

しかしながら、この２つのアイス以外で、食べ物において硬さが肯定的に語られることはあまりない。うどんなら「コシがある」、ラーメンなら「バリカタ」など、麺類にはある程度、硬さというか歯応えを求める人も少なくないが、コンビニで売られてるプリンは

硬と軟

「なめらか」「とろける」ばっかりだし、オムライスも同様だ。特に肉料理では「やわらか至上主義」とでも言いたくなるような風潮がある。

試しに「箸で切れる」で検索してみると、「お箸で切れるトロトロ角煮」「お箸で切れるとろけるビーフシチュー」「お箸で切れるヒレステーキ」「お箸で切れるローストビーフ」「お箸で切れるロールキャベツ」、あげくの果ては「お箸で切れる極上とんかつ」なんてのまで出るわ出るわ。そんなに何でもお箸で切りたいか？　ナイフの立場を考えたことがあるのか？　とツッコみたくもなる。

いや、それはおまえが「箸で切れる」で検索するからだろ、と言われれば返す言葉がない。が、じゃあ「硬い肉」で検索するとどうかというと、「お肉をやわらかくする方法10選」「スーパーの安くて硬いステーキがやわらかく」「みんなの『硬い肉やわらかく』レシピ」とか、そんなんばっかり出てくるのであった。

そらまあ、いくら噛んでも噛み切れないような硬い肉はどうかとは思う。こないだ食べた牛すじ肉がそうだった。イカやタコでも噛み切れないのがたまにある。ウチの実家の食堂のにぎり寿司のイカがわりとそうで、中学生ぐらいの頃、あまりに噛み切れないのを吐き出してゴミ箱に捨てたら当時飼っていた猫が食べようとして、「それ食っちゃダメー！」と激しい奪い合いになったことがあった（猫にイカはNGです）。タコのやわらか煮を家で作ろうとしてうまくいかず、カチカチになってしまったこともある。

とはいえ、やわらかければいいってもんじゃないだろう、とも思うのだ。グルメ番組でリポーターが「口の中に入れた瞬間に溶けるみたいですー♡」と言うような霜降りの肉は確かにうまい。が、その分、脂っこさもあるし、フォアグラ的な不自然さを感じなくもない。それよりむしろ、私のような昭和育ちの中年男にとっては、歯応えのある赤身肉のほうが「肉！」って感じがする。ホルモンでは、コリコリ食感のウルッテ（牛のノドの軟骨）が好き。なかなか扱っている店がないが、メニューにあったら必ず注文する。

ステーキだけでなくハンバーグやソーセージについても同様だ。絹びきのやわらかいものより粗びきのゴツゴツしたのがいい。昔、近所にあった安いステーキハウスで、白人の男性客がハンバーグに何やらクレームをつけているのを見たことがあるが、あれはきっと「こんなのはハンバーグじゃない！」と言っていたに違いない。その店のハンバーグは、たぶんつなぎたっぷりでボリュームを増したやわやわのやつだった。あんなハンバーグは、たぶん海外にはないのだろう。

さらに言うなら、ポテサラはねっとり系よりゴロゴロ系が好きだし、豆腐は絹より木綿がいい。そのへんはもう好みの問題でしかないが、あまりやわらかくて口当たりのいいものばかり食べていると、咀嚼力が衰えるのではないか。それは食べ物だけでなく、本や映画などについても言えるだろう。

硬と軟

歯応えのあるものをしっかり嚙んで飲み込むことは、一種の筋トレである。年を取ればどうせやわらかいものしか食えなくなるんだから、せめて今のうちは歯応えのあるものを食っておきたい。そのほうが、結果的に元気で長生きできそうな気がする。医学的に根拠があるのかどうかは知らないが、「イワシの頭も信心から」というではないか。ちなみに、イワシの頭も歯応えあってカルシウムが摂れるので、なるべく食べるといいと思う。

45品目　人はだいたい同じものを注文する

初めて入った店でメニューを検分するのは楽しい。ランチタイムなら店の前の看板とかでだいたい見当をつけて入ることが多いが、先日近所に新しくできた中華食堂に初めて入ったら、ランチメニューだけでなんと24種類もあった。しかもグランドメニューからも注文可という選択肢の多い店である。

とりあえずグランドメニューは置いといて、ランチ24種類をざっとチェック。その日は気分的に麺ではなく飯のつもりだったので、「肉野菜炒め定食」「中華丼」「しょうが焼き定食」「なす味噌飯」の4つに絞ったものの、「オム焼きそば」の写真がめっちゃそそられるルックスをしている。が、それだとビールを飲まないわけにいかなくなるのでグッと我慢して、なす味噌飯をセレクト、ご飯少なめでオーダーした。

料理が出てくるまでは、グランドメニューチェックの時間だ。ランチだけで24種類あるくらいだから、一品料理や点心もかなり充実していて「しめしめ、これなら夜も使えるな」とほくそ笑む。そうやってメニューを眺めている時間はとても楽しい。出てきたなす味噌飯（スープ付き）は、大雑把ながらも「こういうのでいいんだよ！」という感じで、ランチだけでなく夜にもまた来てみたいと思わせるには（値段も含めて）十分だった。

次にランチに入ったときには（そのときの気分にもよるが）なす味噌飯以外の何かを頼むだろう。3回目も別の何かを注文すると思う。夜に飲みに行ったらまたそれなりにいろいろ食べるはずだ。たぶん、シメにオム焼きそばを頼む気がする。それらが期待を大きく裏切らない程度においしければ、巡回外食店リストに入るだろう。

しかし、全部のメニューを試すかというと、それはない。仮にメニューが100品目あったとしても、自分の選択肢に入るのはたぶん20品目ぐらいだ。特にアレルギーも苦手食材もないけれど、自分でわざわざ頼まないメニューというのはある。中華でいえば、一般的には人気メニューと思われるエビチリなんかがそう。出されれば食べるけど、自分からは頼まない。ラーメンなら基本は塩で、次点がしょうゆ。担々麺とかもたまには食べる。が、味噌はまず頼まない。別に嫌いじゃないけど、選択肢には入らないのだ。

それは中華に限らず、和食でもイタリアンでもフレンチでもエスニック系でも同様。2回目、3回目……と訪問回数が増え、気になるメニューをひとしきり食べたあとは、だいたい同じようなものを注文するようになる。わりとよく行く定食屋では、サバ味噌かアジフライか生姜焼き。有名老舗洋食屋では、カツカレーか生姜焼きヒラメフライ盛り合わせ。仕事場近くのビストロでは、前菜4種盛り、ヤリイカと季節野菜のトマト煮にメインは鴨か大山鶏のロースト。たまには違うものを……と思っても、結局いつものメニューに戻ってくる。

保守的と言われればそうかもしれない。が、それはきっと私だけではない。いつだったか、出先で初めて入った老舗の立ち食いそば屋でイカ天そば（立ち食いそばにおける私の定番メニュー）を食べていたら、常連らしきおじさんが入ってきた。顔を見るなり店のおねえさんは「卵と玉ねぎでいい？」と声をかけ、おじさんは黙ってうなずく。そして、あっというまに生卵と玉ねぎ天トッピングのそばが提供される。見ていてほれぼれするほどの無駄のなさ。その流れるような連係プレーが成立するということは、おじさんはもうそれしか注文しないし、店の側もわかっているということだ。

ウチの実家の食堂でも、顔を見ただけで注文がわかる客がいた。激混みのお昼休みの時

人はだいたい同じものを注文する

間帯をちょっと過ぎた頃に来るサラリーマン。フロア担当の女子従業員が「いつものので？」と聞くと、やはり黙ってうなずく。すると、これまたあっというまにきつねうどんと巻き寿司が出てくるのであった。

たまたまその場面を目撃したことがあり、子供心に「なんかすげー」と感心したが、親に聞いたら、ほかにも何人か、そういう客がいるらしい。日常使いの店では、人はだいたい同じようなものを注文してしまうものなのだ。たぶんそういう人は「この店ではコレ」と決めていて、メニューは固定で店のほうをローテしているのだと思う。違うものが食べたいときは違う店に行けばいい。それはそれでひとつの見識であろう。むしろ毎回必ず違うメニューを注文するという人のほうが少数派ではないか。

ただし、だからといって客の側が「いつもの」と注文するのは基本NGだ。そこまで常連として認知されているとは限らないし、客の思う「いつもの」と店側が思う「いつもの」が一致しているとも限らない。それで思っているのと違うものが出てきても文句は言えないし、寿司屋で「アガリ」などの符丁を使うのと同じくらいダサい。店側に「いつものので？」と聞かれるまでは、粛々と同じものを注文し続けるのが吉である。

私の場合、そこまで完全固定はしないので、しょっちゅう行く店でも「いつものので？」とは聞かれない。というか、レギュラーメニューのほかに「本日のおすすめ」みたいなのがあれば、それを頼むことも多い。どうせなら「いつもの」とは違うものを食べたい気持ちもあるし、その日しか食べられない（かもしれない）レアメニューが指名上位にくるのは当然だ。

とはいえ、「いつもの」はレギュラーの中で一番そそられるからこそ「いつもの」枠に収まっている実力者。野球でいえば不動の四番打者である。その牙城を崩すのは容易ではない。私の数十年に及ぶ外食経験上、「いつもの」がメニューから消えてガッカリすることはあっても、新メニューが下剋上で「いつもの」の座に就いた例は記憶にない。そもそも新メニューが定着すること自体、少ない気がする。やはり、人間の舌は保守的なのかもしれない。

そして今日も私は、いつもの店でいつものやつを注文するのである。

46 品目 トングどっち向きに置く?

仮にあなたがレストランで働いていたとして、男女カップルのテーブルにシェフの気まぐれサラダを運んでいったとしよう。お皿は円形で、男が時計でいう12時の位置、女が6時の位置に座っている。そのとき、トングをどこにどう置きますか?

一昔前なら、多くの人が4時の位置に、持ち手を女性側に向けて置いただろう。つまり、「(右利きの)女性が男性の分も取り分ける」という状況を想定した配置である。社会通念として、おそらくそれがマジョリティだったのだ。実証データがあるわけではないが、自分の記憶を辿っても、そういう置き方をする店が多かったように思う。

それに気づいたのは、「こういうのって必ず女のほうに向けて置くよね」という妻の一言だった。そう言われるまであまり意識したことがなかったが、気になりだすととても気になる。我々の場合は、気分次第で妻が取り分けることもあれば私が取り分けることもあり、各自が欲望の赴くままに奪い合うこともある。それでも、トングはたいてい妻のほうに向けて置かれていた。

若い頃に2〜3回出たことのある合コン的な席でも「料理は女子が取り分けるもの」みたいな〝常識〟があった。いや、合コンじゃなくて職場の飲み会とかでも、取り分けるのは女性の役目になりがちだ。最近読んだ『無田のある生活』（作：朝比奈ショウ）というマンガでも、アパレルメーカーに勤める主人公の女性が、社内の打ち合わせを兼ねた会食でみんなの分のサラダを取り分けたら、最後のほうで足りなくなって焦るシーンがあった。その場では彼女が一番の下っ端で会話にも入れず、「せめて目の前の（自分にできる）ことから」という気持ちでやったことであり、真面目で向上心はあるが自己肯定感が低いキャラの行動としては理解できる。しかし、同じようなポジション、性格のキャラでも、男性だったらこういう描写にはならなかったのではないか。

逆に、会計をお願いした際の伝票は男の側に置かれることが多い。私も昭和の人間なので、女性との食事は男が払うものという刷り込みがある。加えて、編集者という職業柄、同席者の分を払うのが習い性となっている部分もあり、つい「ここは私が」となりがちだ。妻との外食でも基本的には私が払う体になっている(どっちが払っても家計全体としては同じことだが)。たまに、私の誕生日とかで妻が自分が払うつもりで「お勘定お願いしまーす」と声をかけても、やはり私のほうに伝票を渡そうとすることも少なくない。

しかし、こうした食事の席でのジェンダーに関する固定観念も、他のさまざまな分野と同様、徐々に変わりつつある。トングの向きを気にするようになって数年後、肉バルみたいな店でパンクな感じのフロア担当女性が、私のほうに向けてトングを置いたのだ。意図して置いたのか、たまたまなのかはわからないが、「おっ」と思った。そして、ニヤリと笑う妻の皿に「ではワタクシがお取りいたします」と言いつつ恭しく取り分ける私。「うむ、かたじけない」と鷹揚にうなずく妻。すぐこういう小芝居をやりたがるバカ夫婦で恐縮つかまつる。

まあ、わざわざ男性側に置かなくても中間点(時計でいう3時か9時)に置くのが公平な気はするが、フロア担当の彼女は自分側に置かれたときの男性の反応を観察して楽しんでいたのかもしれない。だとしたら、なかなかいい趣味だ。なかには眉をしかめて女性側に押し返す男もいそうな気がする。そういう人は、相手の女性にもフロア担当嬢にも心の中で中指立てられていると思ったほうがいい。

とはいえ、コロナ禍以降、大皿ではなくあらかじめシェアした状態でサーブする店も増えた。そうなると、トングや取り箸の出番もない。昔から夫婦で通ってる居酒屋にコロナ後初めて行ったとき、刺し盛りが一人前ずつ別の皿に盛られて出てきたのにはちょっと味気なさも感じたが、そのほうが「それまだ一切れしか食ってない！」とか卑しい争いをしなくて済むし、いろんな意味で平等ではある。

会計についても、今の若い人はデートでも割り勘にするという話を聞く。実際どうなのかと思って検索してみたら、結構いろんな記事が出てきた。

結婚相談所のツヴァイが実施した２０２３年の調査（20歳～49歳の未婚男女各１５０人が回答）によれば、「お付き合いしていない相手との初デートでの支払い」では49％が割り勘を希望。男女別では男性40％、女性58％と、女性のほうが割り勘を希望する傾向が強い。２回目のデートでは割り勘派がさらに増えて52・３％（男性44・６％、女性60％）と過半数獲得。「男性が奢る」を選んだ人も15％いたが、内訳は男性20％、女性10％で、男性のほうが勝手に「奢らなきゃ」と思っている節がある。

２０２２年に内閣府男女共同参画局が行った「性別による無意識の思い込み（アンコンシャス・バイアス）に関する調査研究」（20代～60代の男女約１万人が回答）でも、「デートや食事のお金は男性が負担すべきだ」という項目に「そう思う」「どちらかといえばそう思う」と答えた人の合計は男性34・０％、女性21・５％と、男性のほうが高め。ここでも男性のほうの「奢らなきゃ」という意識が垣間見える。

一方、MoneyGeek編集部がパートナーのいる20代~40代の独身男女1000人に行った2023年の調査では、「デート代は男性が払うべきという風潮」に対して「同意する」「ある程度同意する」の合計が男女とも62%と高い数字が出ている。現実のデートにおける飲食費の支払い配分についての質問では「割り勘」が男性11%、女性19%。「男性が全額」は男性41%、女性24%という結果だった。

ツヴァイの調査が「希望」を聞いているのに対して、こちらは実際の行動について聞いているので、そこに数字の差が表れたのだろう。それが証拠に「ホンネではどう思うか?」という問いには、女性の37%が「割り勘でいいと思う」と答えており、逆に男性は44%が「自分が全額でも問題ない」と答えている。要するに、本当は女性側も割り勘を望んでいる人は多いのに、実際には相手への気遣いやプライドなどの理由から男性が支払うケースが多いということだ。

いずれにせよ、昔に比べれば「女が取り分け、男が支払う」というパターンは減ってきているに違いない。が、たぶん最後まで変わらなさそうなシチュエーションがひとつある。カップルや夫婦で泊まった場合の温泉旅館の朝食のおひつ。食事処で食べる場合は別にして、部屋食だったらほぼ間違いなく女性側に置かれる。まあ、あれはあれで温泉旅館の風情のうちとして、昭和の夫婦プレイを楽しむのも悪くないとは思うけど。

47品目　箸と愛国

外食と家庭の食卓の違いのひとつが箸である。最近は経費節減のためか、リユースできるプラスチックの箸を提供する店もあるけれど、外食においてはやはり割り箸が主流だろう。一時期、エコロジー的観点から割り箸が目の敵にされたことがあったが、あれは誤解も含まれていた（原材料が国産の間伐材か輸入材かによっても違う）し、コロナ禍においては使い捨てのほうが安心な面もある。

一方、家庭の食卓においては、塗り箸やプラスチックの箸が多い。自炊をしない単身者の場合はコンビニなどでもらってきた割り箸を使うことも多そうだが（というか、独身時代の私がそうだった)、親子など複数の人間が同居している家庭なら、使い捨てではない箸が個別に用意されているのが一般的なのではないか。

試しにツイッターのアンケート機能を使って「子供の頃、家でごはんを食べるときに、どれが誰の箸か決まってましたか?」と聞いてみたら、「決まってた」が89・3%と圧倒的多数を占めた。「決まってなかった」はわずか10・5%。残りの0・2%は「その他」で「記憶にない」などだった(投票数2830)。ここまで大差がつくとは思わなかったが、予想どおりの結果ではある。

日本のみならず、中国、韓国、ベトナムなど東アジアの国々でも箸は広く使われている。が、個人専用の箸が決まっているのは(おそらく)日本だけだ。その点についてエッセイストの山口文憲氏は、「お箸は一夫一婦制」と題したエッセイ(1992年刊『空腹の王子』所収)で、次のように述べている。

〈お箸と持ち主との関係が、あたかも一夫一婦制のように厳格で排他的なのは、どうやら日本だけらしい。/そこで日本人は、くだんの割箸という便利な制度を発明した。すなわち割箸は、その場限りの不倫の相手。いくらもったいないなあ、惜しいなあと思っても、一夫一婦制に忠実であろうとすれば、婚外交渉の相手とは、そのつどきっぱりと手を切らなければならないのである〉

したがって、いくらエコロジストたちが割り箸排斥運動をしても、個人用の箸を持つという文化がなくならない限り割り箸もなくならない、というのがブンケンさん（本名は「ふみのり」だが愛称としてそう呼ばれる）の主張であった。

この「個人の箸＝正妻／割り箸＝愛人」の対比論には思わずヒザを打ち、当時担当していた女性誌の書評欄で著者インタビューもした。長年外食を続けている人間にとって外食は「日常そのもの」であり、それゆえ特別にうまいものである必要はないといった話にも共感する部分が多く、それこそ元祖「孤独のグルメ」ではないかと思っている。

私自身は、小学校の低学年ぐらいまでは子供用のプラスチックの箸を使っていたが、それ以降は店の割り箸か、両端が細くなってる正月用の祝い箸をそのまま使い回す感じだった。家族そろって食卓を囲むということが正月ぐらいしかなかったので、箸の持ち方もしっかり教えられた記憶がなく、いわゆる〝正しい持ち方〟とは中指の当て方が少し違う。それでも箸先はきちんと合うし、豆粒だろうが何だろうが自在につまめるので機能的にはまったく問題ない。

しかしながら、箸の持ち方にダメ出しする人はめちゃくちゃ多い。文字どおり「箸の上げ下ろし」にもうるさいのだ。『いまさら聞けない箸の持ち方レッスン』『いまさら聞けない美しい箸の使い方』なんて本もあるほどで、それで一冊の本を作れることに逆に驚く。持ち方だけにとどまらず、「指し箸」「寄せ箸」「迷い箸」「探り箸」「移り箸」「涙箸」など、箸の扱い方に関するNGマナーは枚挙にいとまがない。
一定層の日本人にとって、箸は大事な民族的アイデンティティとなっている。べ平連に参加し「朝日ジャーナル」でライターデビューというどう見てもリベラルな立場であるはずのブンケンさんですら、「箸不自由人間」と題して、箸の持ち方に難のある人を糾弾しているのだから、日本人の箸に対する執着は相当なものだ。

そういえば、かつて「お箸の国の人だもの。」という広告コピーがあった。時はバブル真っ盛りの1989年、味の素のほんだしの広告で、イメージキャラクターには三田佳子を起用。味の素の公式サイトによれば、〈和食に欠かせない調味料としての「ほんだし」をアピール〉したコピーだという。箸といえば和食、和食といえばほんだし、というわけだ。

そもそも日本人が箸で食べるようになったのは飛鳥・奈良時代に中国から箸食文化が伝わってからなので、本家「お箸の国」は中国だ。ただし、中国や韓国は匙・スプーンとセットで使うのが普通であり、基本的に箸だけというのは日本独自のスタイルと言っていいかもしれない。そういう意味では確かに「お箸の国」である。「箸が転んでもおかしい」「箸にも棒にもかからぬ」「箸より重いものを持たない」といった慣用句が存在するのも、箸が生活の中に溶け込んでいる証だろう。

それはそれで結構なことだ。所作としての箸使いがきれいであるに越したことはないし、「指し箸」「寄せ箸」などのＮＧマナーには私も顔をしかめたくなる。が、その「お箸の国」を過剰に美化したがる人たちにも違和感を覚える。

〈日本人は、箸に始まり、箸に終わる民族です。／生まれて間もなくお食い初めでお箸を使い、それから幾度となく三度の食事に箸を使い、葬儀では、お骨を箸で拾い上げます。お供え物のご飯にはお箸を立てて供養します。／箸は日本人にとって生活の中に溶け込んだ必需品であると同時に、精神に根付いた非常に重要な道具であると言えます〉とは、ある箸専門店のサイトの記述。

さらに〈端と端を繋ぐ「橋」、高所と地上を繋げる「はしご」など、「はし」という言葉は一方とまた一方を繋ぐ箸《ママ》渡しをする道具に名付けられたものです。お箸も例外ではなく、箸先は人のもの、天部分は神様のものとして考えられていました。それ故に昔は食事の際にはお箸に神様が宿ると考えられていました。（中略）使うことにより、神様に感謝する、人と神様を結ぶ橋渡しの道具ということになります〉と続く。箸専門店として自分たちの扱う商品に誇りを持つのは当然にせよ、そこまで神聖視しなくても……と思ってしまう。

ほかにもいろいろ検索してみると、箸と日本人の精神を結び付け、やたら称揚する言説がいくつも出てくる。

〈古くから、日本人の手先が器用なのは、お箸を使うからだと言われています。／箸は二本の棒を片手で操り、さまざまな機能をもたせる事の出来る優れた道具（食器）です。／日本人は、箸を使うことによって、微妙な指の使い方・力加減を幼い頃から習得していたのです〉

〈箸が「大切な道具」とされてきたのは古来に箸は五穀豊穣と子孫繁栄の祈りを込めて「神様と人間が共食する神聖な道具」として取扱われていたからです。まさに神様と人間の橋渡し役だったわけです。／人の誕生から葬送まで、私達日本人は毎日箸と永いお付き合いをしますが、箸にこめられた由来が我が国独自の宗教観に根ざして来た事と、日本の美しい割烹料理がそれに従って発達して来た訳です〉

〈お箸は二本の小棒が寄り添って初めて成り立つ道具です。それは、神と人との関係のみならず、世の中においての、人と人との関係さえも象徴しているといえるのではないでしょうか〉

すごいな、箸。割り箸を使い捨ててたら罰が当たりそうだ。

まあ、そこまで極端な箸礼賛者じゃないにしても、外国人（西洋人）が箸を使うのを見て「お箸、お上手ですね」と（無意識の上から目線で）ほめてしまう人は少なくない。しかも、返す刀で「納豆は食べられますか」と聞いたりして。

いやいや、日本人だってフォーク、ナイフを普通に使うし、海外でも日本食はそこそこ普及しているのだから、外国人が箸を使うのも普通でしょう。納豆だって、食べられる外国人もいれば食べられない日本人もいるわけで、単に慣れや好みの問題でしかない。

にもかかわらず箸に愛国心を発動してしまうのは、「日本は特別な国」と思いたいからだろう。「お箸の国」ぐらいならまだいいが、「神の国」「美しい国」とか言い出すとややこしいことになる。どこの国にも神はいるし、どこの国も美しい。みんな違って、みんないい。

そんなわけで、自分自身が美しい箸の使い方を心がけるのはいいとして、他人の箸の上げ下ろしにいちいち目くじら立てるのは、あまり美しくないと思うのだった。

48品目 ステキなタイミング

久しぶりに妻と一緒に「夫婦50割」を発動させて映画を見たあと、予約していたイタリアンの店に行った。以前から気になっていた店で、北陸の海の幸が売り。能登半島の地震の件もあり、応援の気持ちも込めてこの機会に訪れてみることにしたのである。

まずはグラスのスパークリングで乾杯。能登の被災者の皆さんのことを思えば乾杯どころではないが、実は前日が妻の誕生日だったにもかかわらず本人の仕事の都合でお祝いっぽいことができなかったので、一日遅れのお祝いということでご容赦いただきたい（日本赤十字社と石川県に寄付はしました）。

フードメニューを開くと、ノドグロや氷見ブリ、能登牡蠣、香箱ガニなど、いかにも北陸らしい食材が目を引く。どれもうまそうで片っ端から注文したいところだが、我々中年夫婦の食べられる量は決して多くない。慎重に協議を重ねた結果、ブリのカルパッチョ、ホタルイカとキノコのアヒージョ、カラスミと豆苗のペペロンチーノ、豚肉のサルティンボッカ（なんか豚肉を生ハムで巻いてソテーしたやつ）の4品を注文することになった。

グラスのスパークリングはすぐに飲み干してしまい、白ワインへ。北陸産のワインもあったがグラスで頼めるのは甘口しかなかったので、やむなくイタリアの辛口をグラスでいただく。そこにすかさずホタルイカのアヒージョが出てきた。どっちかというとカルパッチョを先に出してほしかったが、寒い季節には熱々の料理から入るのもいいだろう。ガーリックの香りに食欲をそそられる。付け合わせのバゲットにたっぷりオリーブオイルを染み込ませ、ホタルイカをのせて食べると、これがバカうま。お酒も進む。

とか言ってるうちに、カルパッチョが出てきた。アヒージョはまだ半分ぐらい残っている。とりあえず冷めないうちにアヒージョを片付けるべきか。でも、カルパッチョも一切れだけ食べちゃおう。うん、ブリもうまいね。ああ、もう酒がない。すみませーん、白のおかわりくださーい。……おっ、1杯目よりちょっぴり盛りがいい気がするぞ。もっと注いでくれてもいいんですよ？　とか何とか言ってるうちに、アヒージョはだいたい食べ終えた……と思ったら、もうパスタが出てきたがな――!

いやいやいや、早い早い早い。わんこそばじゃないんだから、もうちょっとゆっくり食べさせてくれないかな。待てど暮らせど料理が出てこないのも困るけど、あんまりハイペースなのも困る。特にパスタは出されたらすぐに食べないとアレなので、まだカルパッチョが半分ぐらい残ってる段階で持ってこられても困るのだ。

デカいファミレスとかなら調理完了したものから順にじゃんじゃん運ぶのも理解できるが、それほど席数も多くなくオープンキッチンで客の様子もうかがえる店で、ペース配分も考慮せずオートマチックに料理を出すのはいかがなものか。それがその店のペースなのかもしれないけど、酒を飲まない客ならともかく我々みたいに飲む客には、もう少しスローペースで料理を出したほうが経営効率的にもいいのでは?

料理を出す順番とタイミングは、とても重要だと思っている。むしろ味より大事かもしれないぐらいのレベル。ランチの定食や丼物などひとつのトレーに載せて出すのが前提のものは別にして、たとえば仕事帰りにラーメン屋に入って、ビールと餃子とラーメンを頼んだときに、ビール、ラーメン、しばらくして餃子が出てくることは少なくない。餃子をつまみにビールを飲んでシメにラーメンを食べたい人間からすればありえない暴挙である。それで悲しい思いを経験して、こっちも学習した。

調理工程的に考えれば、餃子が一番時間がかかるのは理の当然。なので、そういう場合はまずビールと餃子を頼んで、頃合いを見計らって追加でラーメンを頼む。もしくは「ビールと餃子、あとでラーメンお願いします」と頼めば、気の利いた店ならこちらの様子をうかがって、よきところで「ラーメンお作りしますか」と聞いてくれる。高級レストランでなくても、飲食店にはその程度のデリカシーとリテラシーがあってほしい。

そういえば、人気の南インド料理店「エリックサウス」総料理長・稲田俊輔氏が、著書『お客さん物語』の中で、こんなことを書いていた。

〈これまで、いろいろなジャンルのお店をやってきました。和食に始まり、フレンチや各種エスニック、どの店にもコース料理はありましたし、アラカルトで頼まれても、基本的には順番を考えてタイミングよくそれを仕上げて出すことは使命でした〉

ですよねー、と大いにうなずく。「コース料理受難の時代」と題された項の記述で、そこに書かれたコース料理嫌いの人とは別の理由で私もコースよりアラカルトを好むのだが、「順番を考えてタイミングよく」出してほしいとは切に願う。若い人は知らないと思うけど、「この世で一番かんじんなのはステキなタイミング」と坂本九も歌っている。クレージーキャッツの植木等も「人生で大事な事はタイミングにC調に無責任」と歌う。それぐらいタイミングは大事なのである。

とはいえ、そこにはもちろん好みの問題もある。イタリアンではパスタはメインの前というのがセオリーだが、個人的には炭水化物＝シメの意識があって、できればメイン→パスタの順にしてほしい。私以外にもそういう人は多いと思われ、お店によっては「パスタはメインの前と後、どちらがよろしいですか？」と聞いてくれるところもある。ワインは白→赤の順で飲みたいので、パスタとメインがどちらに合うかによっても答えは変わる。そうした柔軟性はあっていい。

【35品目】で触れた姫野カオルコさん提案の「さかのぼりコース和食」も、最初はビールだからそれに合う揚げ物から始めたいという〝酒ありき〟の発想だ。一方、酒を飲まない人の場合は「最初からごはん持ってきてくれればいいのに……」と思うこともあるだろう。同じく作家の新井素子さんのエッセイで、お酒も飲むけど刺身や天ぷらをおかずにごはんも食べたい、でも「ごはんください」と言うともう飲まないと思われる……というジレンマを綴ったものもあった。

実に人それぞれで、万人が満足する順番やタイミングはないのかもしれない。それでも私は理想の店を求めて、今日も外食するのである。

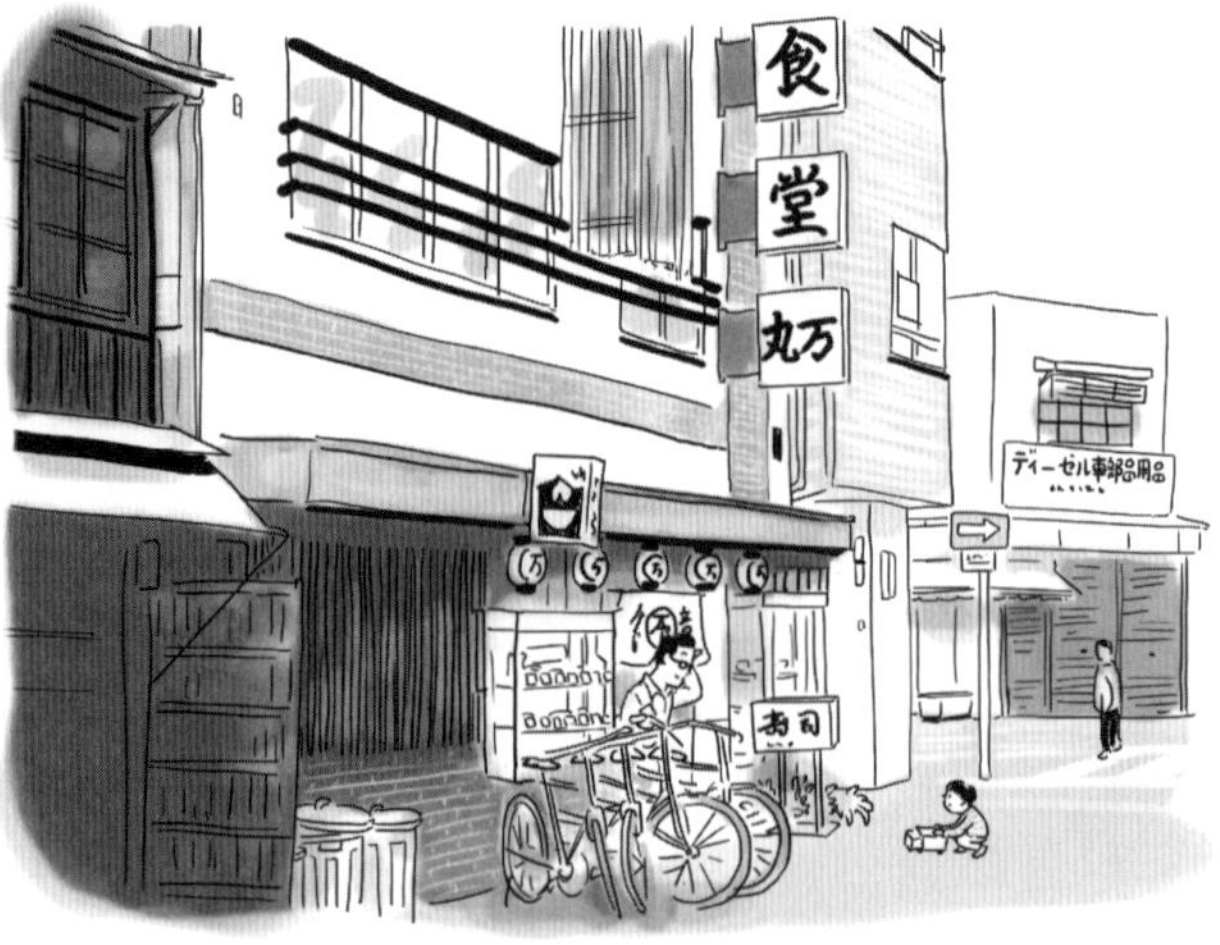

おわりに　入れなかったあの店の話

　都築響一という編集者がいる。『珍日本紀行』『TOKYO STYLE』『夜露死苦現代詩』など、独自の視点で集めたローブロウなカルチャーを次々と世に送り出し、2023年には自身のコレクションを展示する「大道芸術館」を東京・向島にオープンした。興味の方向性が共通する部分も多く、いつも「やられた！」と思う。思うだけで、都築さんのような行動力もセンスもないので真似はできないが、私淑している編集者の一人である。

　その都築響一さんの編書に『Neverland Diner　二度と行けないあの店で』というのがある。100人の書き手が「二度と行けない店の思い出」を綴った638ページの大著。都築さん本人から始まって、平松洋子（敬称略・以下同）、いしいしんじ、俵万智、玉袋筋太郎、小宮山雄飛、朝吹真理子、村田沙耶香、大竹伸朗まで、錚々たるメンツが並ぶ。林雄司、安田理央、とみさわ昭仁、高野秀行、比嘉健二など、面識ある方々も執筆している。

メルマガ「ROADSIDERS' weekly」での連載を楽しみに読みながら、自分ならどの店のことを書くだろうか、と考えた。学生時代からよく通っていたけれど、今はもうなくなってしまった下北沢の定食屋「三福林」「千草」、洋食屋「マック」「キッチンアスカ」あたりか。洋食屋では「キッチンアラスカ」という店もあった。もう閉店しているので書くが、そこはマスターが非常に感じ悪く（一部の常連には気持ちよかったかもしれないが）ネガティブな意味で記憶に残っている。その点、「アスカ」のほうは、かつて劇団３〇〇にいた俳優・東銀之介に似たマスターが黙々と調理する姿が好感度高く、１字違いで大違いであった。

余談だが、東銀之介は元陸軍パイロットで、戦後は航空自衛隊のテストパイロットを経て58歳で劇団に入ったという異色の経歴の持ち主だ。私が舞台で見たときはすでにおじいちゃんだったが、フランス人とのハーフらしい彫りの深い風貌で異彩を放っていた。「アスカ」のマスターもちょっと日本人離れした感じでシブかった。

しかし、自分が書くならそういう店よりも、もっと書くべき店がある。自分以外は絶対に誰も書かないだろう店。そう、今はもうない実家の食堂「丸万」である。

最後の営業日は２００４年１月24日。それまでも年末年始には帰っていたが、当然店は休みなので、店の料理はずいぶん長い間、食べていなかった。ここはやはり最後に何か食べて閉店を見届けようと、新幹線のチケットを予約する。閉店は父の年齢と体調の問題だが、跡を継がなかった自分にも責任がなくはない。まあ、継ぐ気はさらさらなかったし、父も（少なくとも表面上は）継がす気はなかったので、そこはしょうがない。とはいえ、いざ閉店の場面に立ち会ったら、やっぱりちょっと泣いてしまうかも……。

ところが、人生には予期せぬことが起こる。なんと、予定していた新幹線に乗れなかったのだ。なぜかというと、朝起きれなかったから。もちろん目覚ましはセットしていた。しかし、前日が【26品目】で書いた「虎の会」の第１回開催日だったのだ。

その後、年一回の定期開催となった阪神ファンの集いだが、記念すべき第１回は我らが阪神タイガースが２００３年シーズンに達成した18年ぶりの優勝を祝う会として開かれた。それはもう際限なく飲むしかないではないか。次はまた18年後かもしれない。今飲まなくていつ飲むのか。一次会で大いに気勢を上げ、二次会、三次会へと流れていく。たぶん明け方近くまで飲んでたと思う。

そして翌朝。アラーム音で目は覚めたが、二日酔いでとてもじゃないが起き上がれない。

頭痛と吐き気でトイレまで這っていくのが精一杯。「これは…………無理！」と実家行きを断念した私を誰が責められよう。誰が責められよう（大事なことなので2回言った）。

そんなわけで、最後のチャンスを逃したまま、二度と行けない店になってしまった。大学進学で家を出るまでは毎日食べていたのに、もうあの味は思い出の中にしかない。……そんな話を情緒たっぷりに書こうと思っていたが、残念ながら依頼が来なくて悔しかったのでこの場を借りてネタ供養した次第である。


そういう二度と行けない店の亜種として、「入りたかったけど入れなかった店」もある。自宅と仕事場の間にある飲食店は、基本的に一度は入ったことがあるが、【17品目】で触れた「コースのみ　お一人様2万5000円～」の寿司屋ともう一軒、入ったことのない店があった。

カウンターのみの小さな飲み屋で、老夫婦が切り盛りしている。大将はかなりの高齢で腰が曲がっており、自宅兼用と思しき建物も老朽化。半開きの引き戸から中の様子がうかがえるのだが、雑然とした店内に客がいるのを見たことがない。だいたいいつも大将が椅子に座ってテレビを見ている。何度か入ろうと思ったことはあるものの、正直、衛生面の不安もあって入れないまま時が過ぎ、ある日気づけばひっそりと閉店していた。

もうひとつ、今でもときどき思い出すのは、中学生の頃に出会った店だ。【10品目】で剣道部の夏合宿の話を書いたが、冬は冬で寒稽古というものがあった。暑いのもつらいが寒いのはもっとつらい。汗が乾ききっていない冷たい道着を着るときの感触は何の罰ゲームかと思うほど。それで裸足で竹の棒で殴り合うのだから、今考えたら正気の沙汰ではない。

寒稽古は始業前の早朝に始まるので、それこそ5時起きとかで学校に向かう。通学駅である阪神電鉄の梅田駅までは【5品目】で書いたドーチカ（堂島地下センター）を通って行く。その入り口のある大きな交差点によくトレーラーの屋台が出ていた。

最近オフィス街などで見かけるキッチンカーより大型で、車体後方にビニールテントで囲った席もあったが、たぶん車内で食べることもできるタイプ。まだ明け切らない冬の朝、そのトレーラーからもうもうと湯気が出ている。うどんかラーメンか、何かほかのメニューか知らないが、とにかくすこぶるあったかそうなのだ。

ああ、あの店に入りたい！　通りすがりに何度もそう思った。しかし、中学生にはハードルが高い。ましてや寒稽古に向かう途中である。そんな寄り道をしている時間はない。いや、別に遅刻したっていいじゃん、そもそもなんであんなつらいことをやらなきゃいけないの？　と今なら思うが、当時はムダに真面目だったのだ。

結局、その店に入ることはなかった。おそらく深夜から早朝にかけての営業なのだろう。ほかの時間帯で見たことはないし、道路使用許可を取ってるかどうかも怪しい。何の店だったのかもわからない。もしかしたら寒さと眠さのあまり幻覚を見たのかもしれない。それくらい、あのもうもうたる湯気と窓から漏れる光は幻想的だった。

どちらの店も入れなかったし二度と行けない。とにかくにも皆さんに言っておきたいのは、「いつまでもあると思うな、親と店」ということだ。気になる店に出会ったら、勇気を出してドアを開けよう。ただしボッタクリには気をつけて。

2024年4月1日

新保信長

新保信長（しんぼ・のぶなが）

一九六四年大阪生まれ。実家は堂島の食堂。東京大学文学部心理学科卒。編集者＆ライター。編プロ、出版社勤務を経て一九九一年よりフリー。単行本やムックの編集・執筆を手がける。「南信長」名義でマンガ解説も。著書に『国歌斉唱♪――「君が代」と世界の国歌はどう違う？』『虎バカ本の世界』『字が汚い！』『声が通らない！』ほか。南信長名義では『現代マンガの冒険者たち』『マンガの食卓』『１９７９年の奇跡　ガンダム、ＹＭＯ、村上春樹』『漫画家の自画像』など。新刊に『メガネとデブキャラの漫画史』がある。

食堂《しょくどう》生《う》まれ、外食《がいしょく》育《そだ》ち

二〇二四年七月一五日　初版第一刷発行

著者　新保《しんぼ》信長《のぶなが》

発行者　鈴木康成
発行所　KKベストセラーズ
一一二-〇〇一三 東京都文京区音羽一-一五-一五 シティ音羽二階
電話 編集 〇三-六三〇四-一八三二
営業 〇三-六三〇四-一六〇三
https://www.bestsellers.co.jp

イラストレーション　おくやまゆか
ブックデザイン　鈴木成一デザイン室
印刷製本　錦明印刷
DTP　三協美術

定価はカバーに表示してあります。
 ISBN978-4-584-13996-7 C0095